위드 필사성경

누가복음

이름 ____________________

시작한 날 ______ . ______ . ______

마친 날 ______ . ______ . ______

문광서원

일러두기

1. 성경 본문은 『남북한 병행성경』을 사용하였으며 북한어문규정을 따랐습니다. 단, 본문의 가독성을 높이기 위해 띄어쓰기는 국립국어원의 한국어문규정을 따랐습니다.

2. 북한어문규정을 따르는 단어가 본문에서 처음 나오는 경우, 한국어문규정에 맞는 단어를 각주로 표기하였습니다.

예) 두음 법칙: 률법/율법, 례물/예물, 녀인/여인
사이시옷 법칙: 하루길/하룻길, 오래동안/오랫동안, 연자매돌/연자맷돌
모음 법칙: 태여남/태어남, 황페/황폐

3. 남한에서 익숙하지 않은 단어가 본문에서 처음 나오는 경우, 남한에서 통용되는 단어를 각주로 표기하였습니다.

예) 물림가산/유산, 차림떡/진설병

왜 『위드 필사성경』으로 필사하나요?

지난 40년 동안 북한 선교를 묵묵히 감당해 왔던 모퉁이돌선교회는 2021년 6월 25일에 『남북한 병행성경』을 출간하였습니다. 70년이 넘는 분단의 세월을 거치며 남북의 문화와 언어는 이질적으로 변화하였고, 그리하여 북한의 성도들이 한글 성경을 읽고 이해하는 데 어려움을 겪게 되었기 때문입니다. 이들은 한 페이지에 남북한의 언어로 기록된 성경을 읽으며, 성경의 보다 깊은 의미를 이해할 수 있었습니다. 하지만 『남북한 병행성경』은 단순히 북한 성도들만을 위한 성경은 아닙니다. 남북이 복음으로 통일되기를 염원하는 남한의 성도들이 북한의 언어와 문화를 이해할 수 있도록 돕는 역할 또한 감당합니다. 여러분은 혹시 성경을 구하지 못해 작은 휴지 조각에 성경을 베껴 쓰는 성도가 있다는 것을 아시나요? 큰 소리를 낼 수 없어 숨죽여 기도하는 이들에 관해 들어 보셨나요? 우리는 북한어로 성경을 필사하면서 북한 성도들과 마음으로 '함께'(위드)합니다. 그리고 언젠가 '함께' 모여 예배하고 교제할 통일의 날을 꿈꾸며 이들을 위해 기도합니다. 우리는 『위드 필사성경』을 통해 하나님과 함께 교제하는 것을 넘어 북한 성도와 함께하는 시간을 누리게 될 것입니다.

『위드 필사성경』은 어떻게 사용하나요?

· 오늘 성경 필사를 통해 하나님이 말씀해 주시도록 기도합니다.
· 필사하려는 본문을 천천히 읽습니다.
· 묵상하는 마음으로 한 글자, 한 글자 말씀을 적어 나갑니다.
· 필사를 통해 주신 은혜와 깨달음을 가지고 기도로 나아갑니다.
· 오늘도 숨죽여 성경을 필사하고 있는 북한 성도를 위해 기도합니다.

누가복음은 어떤 책인가요?

누가복음은 바울의 동역자였던 “사랑을 받는 의사 누가”(골 4:14)가 기록했습니다. 그는 “데오빌로 각하”(눅 1:3)를 포함한 이방인 그리스도인들을 위해 예수님의 생애와 사역을 역사적인 순서대로 자세히 기술합니다. 이를 통해 그는 그들이 예수님에 관해 들은 바를 확신하도록 돕습니다.

누가복음은 “잃어버린 자를 찾아 구원”하러 오신 “인자” 예수님을 보여줍니다(눅 19:10). 그분은 성령으로 기름부음을 받아 “가난한 자”(눅 4:18)에게 복음을 전하십니다. 하나님의 언약 백성이라 여겨지던 사람들뿐만 아니라 당시 사회적·종교적으로 소외되었던 이들, 곧 여인들, 어린아이들, 세리와 창녀들, 그리고 이방인들을 위해 죽으시고 부활하십니다. ‘잃어버린 아들의 비유’와 ‘세리장 삭개오’ 등의 이야기를 통해, 우리는 죄인을 향한, 그리고 나와 북한 성도를 향한 하나님의 긍휼을 체험하게 될 것입니다.

10년 전부터
성경이 갖고 싶었습니다.

10년 전부터 성경이 너무나 갖고 싶었습니다.
멀리 있는 연인을 사모하는 것처럼 그리웠습니다.
단 한 번만이라도 내 앞에 성경이 차려졌으면,
내 손에 있었으면 하고 애타게 그려보기도 했습니다.
그런데 오늘 이렇게 성경이 제 손에 들려졌습니다.
성경을 펼쳐 유대인과 이방인들이 당하는 시련과 곡절과 불행을 읽으면서도 환희의 격한 기쁨과 즐거움이 우러나오는 것을 어쩔 수 없습니다.

_2009년 10월 북한에서 OOO 드림

1장

데오빌로에게 보내는 헌사

1 지금까지 우리 가운데 이루어진 일들을 하나의 이야기로 묶어 내
고자 많은 사람이 시도해 왔으니
2 그것은 처음부터 그 말씀의 목격자와 일군*으로 섬겨 온 자들이 우
리에게 전해준 것이라
3 고매하신 데오빌로여, 나도 이 모든 일을 처음부터 상세히 살핀 후
에 당신께 일의 순서대로 써올리는 것이 좋다고 여겼으니
4 이는 당신이 가르침을 받았던 그 일들에 관한 진실을 당신으로 알
게 하려 함이라

---

* 일꾼

세례 요한의 출생을 예고하다

5 유대 임금 헤롯 때에 한 제사장이 있었으니 이름은 사가랴로 아비
야 반렬*에 속하였고 그 안해**는 아론의 자손으로 이름이 엘리사
벳이였다***

6 두 사람은 모두 하나님 앞에 의로웠고 주의 모든 계명과 규례대로
흠 없이 살고 있었다

7 그러나 엘리사벳이 불임이므로 그들에게 자식이 없었고 두 사람
다 나이가 많이 들었다

8 사가랴가 그 직무의 순서대로 하나님 앞에서 제사장직을 수행할 때에

9 제사장직의 관례대로 제비를 뽑아 주의 성소에 들어가 향을 사르니

10 향 사르는 동안 온 회중은 밖에서 기도드리고 있었다

11 그때에 주의 천사가 그에게 나타나 향 사르는 제단 오른편에 서자

12 사가랴가 천사를 보고 겁에 질려 두려움에 사로잡혔다

13 그러나 천사가 그에게 말하기를, 사가랴여, 두려워하지 말라 네
간구가 들으신바 되였으므로**** 네 안해 엘리사벳이 네게 아들을
낳아 줄 것이니 그의 이름을 요한이라 하라

---

* 반열

** 아내

*** 이었다

**** 되었으므로

14 네가 기뻐하고 즐거워할 것이요 많은 사람도 그의 태여남*을 기뻐
할 것이니
15 이는 그가 주 앞에서 큰 인물이 될 것임이라 그가 포도주와 독주
를 마시지 않고 모태에서부터 성령의 충만함을 받아
16 이스라엘의 많은 사람을 주 그들의 하나님께로 돌아오게 하리라
17 그가 엘리야의 령**과 권능으로 주 앞에 먼저 와서 아버지의 마음
을 자식에게로 불순종하는 자를 의인의 지혜로 돌아오게 하고 주
를 위하여 한 백성을 준비시키리라 하였다
18 이에 사가랴가 천사에게 말하기를, 어떻게 내가 이와 같이 될 줄 알
겠습니까 나는 로인***이고 나의 안해도 나이가 많이 들었습니다 하
니
19 천사가 그에게 대답하기를, 나는 하나님 앞에 서 있는 가브리엘
로 너에게 이 기쁜 소식을 말하고 알리도록 보내심을 받았다
20 보라, 이 일들이 일어날 때까지 너는 입이 닫혀 말하지 못할 것이
니 이는 네가 나의 말을 믿지 않았음이라 그러나 때가 되면 나의
말이 성취되리라 하였다

---

* 태어남

** 영

*** 노인

21 한편 백성은 사가랴를 기다리다가 그가 성전에서 너무 오래 지체
하므로 이상하게 생각하던 중에
22 사가랴가 나왔을 때에 그들에게 말하지 못하니 백성은 그가 성소
에서 리상*을 본 것을 알았다 그가 그들에게 몸짓으로 표현할 뿐
줄곧 말을 못하였기 때문이다
23 그가 직무 기간이 끝나 집으로 돌아갔다
24 얼마 후에 사가랴의 안해 엘리사벳이 아이를 가져 다섯 달을 숨
어 지내며 말하기를,
25 이것은 주께서 나를 위하여 행하신 일이니, 곧 그가 나를 은혜로
굽어보사 백성 가운데서 나의 수치를 거두신 것이라 하였다

예수의 나심을 예고하다

26 여섯째 달에 천사 가브리엘이 하나님의 보내심을 받아 나사렛이
라 불리는 갈릴리의 한 마을로 가서
27 다윗 집안의 요셉이라는 남자와 정혼한 처녀에게 이르니 그 처녀
의 이름은 마리아였다
28 그 천사가 마리아에게 와서 말하기를, 기뻐하라 은혜 입은 자여,
주께서 너와 함께 계시도다 하자
29 마리아가 그의 말에 크게 당황하며 이것이 무슨 인사인지를 깊이
생각하매

---

* 이상

30 천사가 그녀에게 말하기를, 마리아여, 두려워하지 말라 네가 하
나님께 은혜를 입었다
31 보라, 네가 아이를 가져 아들을 낳으리니 그 이름을 예수라 하라
32 그가 크게 되여 지극히 높으신 이의 아들이라 일컬어지고 주 하
나님이 그에게 그 조상 다윗의 보좌를 주시리라
33 그리하여 그가 영원토록 야곱의 집을 다스리고 그의 나라가 무궁
하리라 하였다
34 이때에 마리아가 천사에게 묻기를, 나는 아직 남자를 모르는데 어
떻게 이런 일이 있겠습니까 하니
35 천사가 마리아에게 대답하기를, 성령이 너에게 림하시고* 지극히
높으신 이의 능력이 너를 덮을 것이니 그러므로 태여나실 그 거
룩한 이는 하나님의 아들이라 일컬어지리라
36 보라, 너의 친척 엘리사벳도 늙었으나 아이를 가졌고 아이 못 낳
는 녀인**으로 알려진 그녀에게 이번 달이 여섯째 달이니
37 실로 하나님께는 불가능한 것이 없다 하였다
38 이에 마리아가 말하기를, 보십시오 나는 주의 녀종***이오니 당
신의 말씀대로 내게 이루어지게 하소서 하자 천사가 마리아에게
서 떠나갔다

* 임하시고

** 여인

*** 여종

마리아가 엘리사벳을 방문하다

39 마리아가 일어나 산지에 있는 유대의 한 마을로 서둘러 가서
40 사가랴의 집에 들어가 엘리사벳에게 문안하니
41 엘리사벳이 마리아의 문안 소리를 들을 때에 아이가 복중에서 뛰
놀았다 그러자 엘리사벳이 성령의 충만함을 입어
42 큰 소리로 웨치기를,* 그대는 녀인들 중에서 복 받았고 그대 태의
열매도 복 받았도다
43 내 주의 어머니께서 나를 찾아오시니 어찌하여 이 은혜가 내게 림
하였는가
44 보라, 그대의 문안하는 소리가 내 귀에 들리자 즉시 내 복중의 아
이가 기쁨으로 뛰놀았도다
45 주께서 자기에게 이르신 말씀이 반드시 성취될 것으로 믿은 녀인
은 복 받았도다 하였다

---

* 외치기를

마리아의 찬가

46 그러자 마리아가 화답하기를, 내 혼이 주를 높여드리며
47 내 령이 나의 구원자이신 하나님을 기뻐함은
48 주께서 그의 녀종의 비천함을 굽어보셨음이라 보라, 이제부터는
모든 세대가 나를 복 받은 자라 부를 것이니
49 이는 전능자께서 내게 큰 일을 행하셨음이라 그의 이름은 거룩하며
50 그를 경외하는 자들에게 그가 대대로 긍휼을 베푸시는도다
51 주께서 자신의 팔로 능력을 보이시고 마음의 생각이 교만한 자들
을 흩으시며
52 권세자들을 그들의 자리에서 끌어내리시고 비천한 자들을 높이시며
53 굶주린 자들을 좋은 것으로 배불리시고 부유한 자들을 빈손으로
내보내셨다
54 주께서 자신의 긍휼을 기억하시고 그의 종 이스라엘을 도우셨으니
55 이는 그가 우리 조상들, 곧 아브라함과 그 자손에게 영원히 약속
하신 대로 하신 것이라 하였다
56 마리아가 석 달가량 머물러 있다가 자기 집으로 돌아갔다

세례 요한의 출생

57 엘리사벳이 해산할 기한이 차서 아들을 낳으니
58 그녀의 이웃 사람들과 친척들이 주께서 그녀에게 큰 긍휼을 베푸
신 소식을 듣고 함께 기뻐하였다
59 여드레 되는 날에 그들이 그 아이에게 할례를 행하려고 와서 아
이의 이름을 아버지의 이름을 따라 사가랴로 지으려 하였으나
60 그 어머니가 말하기를, 아니오 요한이라고 불러야 하오 하였다
61 그러나 그들이 그녀에게 말하기를, 당신의 친척들 중에서는 이 이
름으로 불리는 사람이 없소 하고
62 그의 아버지에게 그 아이의 이름을 무어라고 지을지를 몸짓으로
물으니
63 그가 서판을 달라고 하여 거기에 쓰기를, 그의 이름은 요한이오
하자 사람들이 모두 놀랐다
64 이때에 즉시 그의 입이 열리고 혀가 풀려 말하게 되매 그가 하나
님을 찬양하니
65 두려움이 그 모든 이웃 사람에게 림하고 이 모든 말이 유대 산지
전역에 두루 퍼지자
66 이 소식을 들은 모든 자가 그 말을 마음에 두고 말하기를, 장차 이
아이가 무엇이 될까 하였다 이는 주의 손이 그 아이와 함께 계셨
기 때문이다

사가랴의 대언

67 요한의 아버지 사가랴가 성령의 충만함을 입어 이같이 대언하였다
68 주 이스라엘의 하나님을 찬송하라 그가 자신의 백성을 돌아보시
고 구속하셨도다
69 주께서 우리를 위하여 그의 종 다윗의 집에 구원의 뿔을 일으키
셨으니
70 이는 그가 거룩한 대언자들의 입을 통하여 옛적부터 말씀하신 바대로
71 우리를 우리 대적들과 우리를 미워하는 모든 사람의 손에서 구원
하려 하심이라
72 그가 우리 조상들에게 긍휼을 베푸시고 자신의 거룩한 계약을 기
억하셨으니
73 이는 그가 우리 조상 아브라함에게 하신 맹세로서
74 우리가 대적들의 손에서 건져진 후에 두려움 없이 그를 섬기되
75 평생 그의 앞에서 거룩함과 의로움으로 섬기게 하려 하심이라

76 아이야, 너는 지극히 높으신 이의 대언자라 일컬어지리라 네가 주
앞에 먼저 가서 그의 길들을 예비하고
77 그의 백성에게 죄 사함을 받음으로써 구원에 이르는 지식을 베풀
것이니
78 이는 우리 하나님의 긍휼로 말미암은 것이라 이로써 높은 곳으로
부터 려명*의 빛이 우리에게 림하여
79 흑암과 사망의 그늘에 앉아 있는 자들에게 비치고 우리 발을 평
화의 길로 인도하시리라
80 그 후에 이 아이가 자라며 그 령이 강하여졌고 이스라엘 앞에 모
습을 드러내는 날까지 빈들에 머물러 있었다

---

* 여명

2장

예수의 나심

1 그 무렵에 가이사 아구스도로부터 온 세계는 주민등록에 응하라
는 칙령이 내려졌으니
2 이것은 첫 번째 주민등록으로 구레뇨가 수리아의 총독으로 있는
동안 시행되였다
3 그리하여 모든 사람이 각자의 고향으로 등록하러 갔고
4 요셉도 다윗 집과 가문에 속하였으므로 갈릴리에 있는 나사렛 마
을에서 떠나 베들레헴이라 불리는 다윗의 성읍인 유대로 갔는데
5 그가 정혼한 마리아와 함께 등록하러 갈 때에 마리아는 이미 회
임 중이였다
6 그들이 거기에 머무는 동안 그녀가 해산할 날이 되여
7 맏배 아들*을 낳아 강보에 싸서 구유에 뉘었으니 이는 그 려관**에
빈 방이 없었기 때문이다

---

* 첫아들

** 여관

목자들이 예수 탄생 소식을 듣다

8 그 지역에 목자들이 밤에 자기 양떼를 지키며 들판에 있을 때에

9 주의 천사가 그들 앞에 나타나고 주의 영광이 그들을 둘러 비추
자 그들이 몹시 두려워하였다

10 그러나 천사가 그들에게 말하기를, 두려워하지 말라 보라, 내가
온 백성에게 미칠 큰 기쁨의 좋은 소식을 너희에게 전한다

11 오늘 너희를 위하여 다윗의 동네에 구주가 나셨으니, 곧 그리스
도 주시라

12 너희가 강보에 싸여 구유에 뉘어 있는 한 아기를 보게 되리니 이
것이 너희에게 주는 표징이다 하였다

13 그때에 홀연히 수많은 천군이 그 천사와 함께 하나님을 찬양하며
말하기를,

14 가장 높은 곳에서는 하나님께 영광이요 땅에서는 하나님의 은혜
입은 사람들 가운데 평화로다 하였다

15 그 천사들이 목자들에게서 떠나 하늘로 올라가니 목자들이 서로
말하기를, 이제 우리가 베들레헴으로 가서 주께서 우리에게 알려
주신 이 일이 일어난 것을 보자 하고

16 서둘러 가서 마리아와 요셉과 구유에 누인 아기를 찾아냈다

17 목자들이 아기를 뵙고 이 아기에 관하여 들은 것을 사람들에게 전
하니
18 그 말을 들은 모든 사람이 목자들이 들려준 이야기에 놀랐으나
19 마리아는 이 모든 것을 곰곰이 생각하며 마음에 두었다
20 목자들은 자기들이 모든 것을 듣고 보았으므로 하나님께 영광을
돌리고 찬양하며 돌아갔다
21 여드레가 되어 그 아기에게 할례가 행하여졌을 때에 그의 이름이
예수라 지어졌으니 이것은 그가 모태에 회임되기 전에 천사가 준
이름이였다

아기 예수의 정결예식

22 모세의 법에 따라 정결의 기간이 다 채워지자 그들이 아기를 주
께 드리려고 예루살렘으로 데리고 올라갔다
23 이는 주의 률법*에 모태를 열고 나온 맏배 아들마다 주께 거룩한
자로 일컬어지리라 하고 기록되어 있기 때문이요
24 또 주의 률법에 진술된 대로 그들이 산비둘기 한 쌍이나 어린 집
비둘기 두 마리를 제물로 드리려 함이였다

---

* 율법

25 예루살렘에 시므온이라는 이름을 가진 사람이 있었다 이 사람은
의롭고 경건한 자로 이스라엘의 위로를 기다려 왔고 성령이 그의
우*에 머물러 계셨다
26 그는 주의 그리스도를 뵙기 전에는 죽지 않으리라는 성령의 계시
를 받았었는데
27 마침 시므온이 성령의 인도로 성전에 들어갔을 때에 그 부모가 율
법의 관례대로 행하려고 그 아기 예수를 데려오니
28 시므온이 아기를 안고 하나님을 찬양하며 말하기를,
29 주재여, 이제 당신의 말씀대로 당신의 종을 평안히 놓아주시니
30 이는 나의 두 눈이 당신의 구원을 보았기 때문입니다
31 이것은 당신께서 만민 앞에서 예비하신 것이요
32 이방인들을 위한 계시의 빛이요 당신의 백성 이스라엘의 영광입
니다 하였다
33 그 아기의 아버지와 어머니는 시므온이 아기에 대하여 한 말을 경
이롭게 여겼다
34 시므온이 그들을 축복한 후에 아기의 어머니 마리아에게 말하기
를, 보라, 이 아기는 이스라엘에서 많은 사람의 쓰러짐과 일어남
을 위하여 그리고 비방을 받을 표징이 되기 위하여 세워졌으니

---

* 위

35 이는 많은 사람의 마음의 생각을 드러내려 함이라 그리고 칼이 너
자신의 령혼*도 찌르리라 하였다
36 또 아셀 지파에 속한 바누엘의 딸 안나라는 대언자가 있었는데 나
이가 매우 많았다 그녀가 결혼하고 일곱 해를 남편과 산 후에
37 과부가 되여 여든네 살이 되였으나 성전을 떠나지 않고 밤낮으로
금식과 기도로 하나님을 섬기고 있다가
38 마침 이때에 와서 하나님께 감사드리며 예루살렘의 구속을 기다
리는 모든 사람에게 이 아기에 관하여 이야기하였다
39 요셉과 마리아가 주의 률법대로 모든 일을 마쳤을 때에 갈릴리로
돌아가 그들의 마을 나사렛에 이르니
40 그 아이는 자라가며 강하여지고 지혜가 충만하였으며 하나님의
은혜가 그의 우에 머물러 있었다

열두 살 시절의 예수

41 해마다 그의 부모가 유월절에 예루살렘으로 올라갔고
42 예수께서 열두 살 되던 해에도 그들이 그 절기를 지키러 관례대
로 올라갔다가

---

* 영혼

43 절기가 끝나 돌아갈 때에 소년 예수는 예루살렘에 머무셨다 그러
나 그 부모는 그것을 알지 못하고
44 예수가 일행 가운데 있으리라 생각하고는 하루길[*]을 간 후에 그를
친지들 사이에서 찾았으나
45 발견하지 못하자 그를 찾으려고 예루살렘으로 돌아가
46 사흘 후에 성전에서 예수를 발견하였다 이때에 그가 선생들 사이
에 앉아 그들에게 듣기도 하고 묻기도 하시니
47 예수의 말을 듣는 사람들이 그의 깨달음과 답변에 모두 탄복하였다
48 그의 부모는 그를 보고 매우 놀랐고 그의 어머니가 예수께 말하
기를, 얘야, 어찌하여 우리에게 이렇게 행하였느냐 보라, 네 아버
지와 내가 너를 애타게 찾았다 하니
49 예수께서 그들에게 말씀하시기를, 어찌하여 나를 찾으셨습니까
내가 내 아버지 집에 있어야 함을 모르셨습니까 하셨으나
50 그들은 예수께서 그들에게 한 말씀을 리해[**]하지 못하였다
51 예수께서 그들과 함께 내려가 나사렛에 이르러 그들에게 순종하
며 지내셨고 그의 어머니는 이 모든 말을 마음에 두었다
52 예수께서 지혜와 키가 자라가며 하나님과 사람들에게 덧입는 은
혜도 더욱 커져 갔다

---

* 하룻길

** 이해

3장

세례 요한의 선포

1 디베료 가이사의 통치 제십오 년, 곧 본디오 빌라도가 유대 총독
으로 헤롯이 갈릴리의 분봉 임금으로 그의 동생 빌립이 이두래와
드라고닛 지방의 분봉 임금으로 루사니아가 아빌레네의 분봉 임
금으로
2 그리고 안나스와 가야바가 대제사장으로 있을 때에 하나님의 말
씀이 광야에서 사가랴의 아들 요한에게 임하시니
3 요한이 요단 강 주변에 있는 모든 지역으로 가서 죄 사함을 받게
하는 회개의 세례를 선포하였다
4 이는 대언자 이사야의 책에 기록된바 광야에서 웨치는 자의 음성
이 이르기를, 너희는 주의 길을 예비하라 그의 길들을 곧게 하라
5 모든 골짜기가 메워지고 모든 산과 언덕이 낮추어지며 굽은 것은
곧게 펴지고 거친 길은 고르게 될 것이니
6 모든 육체가 하나님의 구원을 보리라 하였다 함과 같다

7 요한이 자기에게 세례를 받으러 나오는 무리에게 말하기를, 독사의
새끼들아, 누가 너희에게 다가오는 진노를 피하라고 일러 주었느냐
8 너희는 회개에 합당한 열매를 맺으라 너희 마음속으로 말하기를,
아브라함이 우리 조상이다 하지 말라 내가 너희에게 말하노니 하
나님은 이 돌들에서도 아브라함의 자손을 일으키실 수 있다
9 이미 도끼가 나무들 뿌리에 놓여 있으니 좋은 열매를 맺지 않는
나무마다 찍혀 불에 던져지리라 하였다
10 그러자 무리가 요한에게 묻기를, 그러면 우리가 무엇을 행해야 합
니까 하니
11 요한이 그들에게 대답하기를, 옷을 두 벌 가진 자는 가지지 않은
자에게 나누어 주고 먹을 것을 가진 자도 그렇게 하라 하였다
12 이때에 세리들도 세례를 받으러 와서 요한에게 묻기를, 선생님,
우리가 무엇을 행해야 합니까 하니
13 요한이 그들에게 대답하기를, 너희에게 할당된 것보다 더 많이 거
두지 말라 하였다
14 또 군인들도 요한에게 묻기를, 우리는 무엇을 행해야 합니까 하
니 요한이 그들에게 대답하기를, 협박이나 거짓된 구실로 누구에
게서 돈을 뜯어내지 말고 너희 급료로 만족하라 하였다

15 그때에 백성은 그리스도를 기다리고 있었으므로 모든 사람이 요
한에 대하여 마음속으로 생각하기를, 혹시 그가 그리스도가 아닐
까 하였으나
16 요한이 모든 사람에게 답변하여 말하기를, 나는 너희에게 물로 세
례를 베푸나 나보다 능력 많으신 이가 오시는데 나는 그의 신발끈
을 풀어드릴 자격도 없다 그는 성령과 불로 너희에게 세례를 베
푸시리라
17 그가 손에 키를 들고 자신의 타작마당을 깨끗하게 하시되 알곡은
모아 곳간에 들이고 쭉정이는 꺼지지 않는 불로 태우시리라 하였다
18 그 밖에도 요한은 많은 말로 사람들에게 권고하며 복음을 전하였다
19 그러나 분봉 임금 헤롯이 그 동생의 안해 헤로디아의 일과 자기
가 행한 모든 악으로 인하여 요한에게 책망을 받고서도
20 이 모든 악에 한 가지를 더하였으니, 곧 요한을 옥에 가둔 것이였다

세례를 받으시다

21 모든 백성이 세례를 받을 때에 예수께서도 세례를 받고 기도하시
자 하늘이 열리고
22 성령이 비둘기 같은 형체로 그의 우에 내려오셨고 이때에 하늘로
부터 한 음성이 나서 이르시기를, 너는 나의 사랑받는 아들이다
내가 너를 기뻐한다 하셨다

예수의 족보

23 예수께서 사역을 시작하실 때에 서른 살쯤 되셨다 사람들이 아는
바로는 그가 요셉의 아들이시니 요셉의 우는 헬리요
24 그 우는 맛닷이요 그 우는 레위요 그 우는 멜기요 그 우는 얀나요
그 우는 요셉이요
25 그 우는 맛다디아요 그 우는 아모스요 그 우는 나훔이요 그 우는
에슬리요 그 우는 낙개요
26 그 우는 마앗이요 그 우는 맛다디아요 그 우는 서머인이요 그 우
는 요섹이요 그 우는 요다요
27 그 우는 요아난이요 그 우는 레사요 그 우는 스룹바벨이요 그 우
는 스알디엘이요 그 우는 네리요

28 그 우는 멜기요 그 우는 앗디요 그 우는 고삼이요 그 우는 엘마담이요 그 우는 에르요

29 그 우는 예수요 그 우는 엘리에서요 그 우는 요림이요 그 우는 맛닷이요 그 우는 레위요

30 그 우는 시므온이요 그 우는 유다요 그 우는 요셉이요 그 우는 요남이요 그 우는 엘리아김이요

31 그 우는 멜레아요 그 우는 멘나요 그 우는 맛다다요 그 우는 나단이요 그 우는 다윗이요

32 그 우는 이새요 그 우는 오벳이요 그 우는 보아스요 그 우는 살몬이요 그 우는 나손이요

33 그 우는 아미나답이요 그 우는 아니요 그 우는 헤스론이요 그 우는 베레스요 그 우는 유다요

34 그 우는 야곱이요 그 우는 이삭이요 그 우는 아브라함이요 그 우는 데라요 그 우는 나홀이요

35 그 우는 스룩이요 그 우는 르우요 그 우는 벨렉이요 그 우는 헤버요 그 우는 살라요

36 그 우는 가이난이요 그 우는 아박삿이요 그 우는 셈이요 그 우는
노아요 그 우는 레멕이요
37 그 우는 므두셀라요 그 우는 에녹이요 그 우는 야렛이요 그 우는
마할랄렐이요 그 우는 가이난이요
38 그 우는 에노스요 그 우는 셋이요 그 우는 아담이요 그 우는 하나
님이셨다

4장

시험을 받으시다

1 예수께서 성령의 충만함을 입고 요단 강에서 돌아오신 후에 성령
에 이끌려 광야로 가서
2 마흔 날 동안 마귀에게 시험을 받으셨고 그날들 동안 그가 아무
것도 잡수지 않으시니 그 기간이 찼을 때에 굶주리셨다
3 그때에 마귀가 예수께 말하기를, 만일 당신이 하나님의 아들이라
면 이 돌에게 떡이 되라고 명령하시오 하자
4 예수께서 마귀에게 답변하시기를, 기록된바 사람이 떡으로만 사
는 것이 아니다 하였다 하셨다
5 그다음에 마귀가 예수를 이끌고 올라가 세계의 모든 나라를 한순
간에 보여주고
6 예수께 말하기를, 이 모든 권세와 그 영광을 내가 당신께 주겠소 이
것이 나에게 넘겨졌으므로 내가 원하는 자에게 그것을 줄 것이오
7 그러므로 만일 당신이 내게 절하면 이 모든 것은 당신의 것이 될
것이오 하자

8 예수께서 마귀에게 답변하시기를, 기록된바 주 너의 하나님을 경
배하고 그분만 섬기라 하였다 하셨다
9 또 마귀가 예수를 이끌고 예루살렘으로 가서 그를 성전 꼭대기에
세우고 예수께 말하기를, 만일 당신이 하나님의 아들이라면 여기
에서 뛰여* 내리시오
10 기록되기를, 하나님이 너를 위하여 그 천사들에게 명령하사 너를
지키게 하시리라 하였고
11 또 그들이 그들의 손으로 너를 받들어 네 발이 돌에 부딪치지 않
게 하리라 하였소 하자
12 예수께서 마귀에게 답변하시기를, 기록된바 주 너의 하나님을 시
험하지 말라 하였다 하셨다
13 마귀가 모든 시험을 마친 후에 또 다른 기회가 올 때까지 그에게
서 떠났다

갈릴리 여러 회당에서 가르치시다

14 예수께서 성령의 능력을 입고 갈릴리로 돌아오시니 그에 관한 소
문이 사방에 두루 퍼졌고
15 예수께서 그들의 회당에서 가르치실 때에 모든 사람에게 칭송을
받으셨다

---

* 뛰어

나사렛에서 배척을 받으시다

16 그 후에 예수께서 자신이 자라난 나사렛으로 오시여* 늘 행하던
대로 안식일에 회당에 들어가 성경을 읽으려고 일어나셨는데
17 대언자 이사야의 두루마리 책이 그에게 건네지자 그가 그 두루마
리를 펴서 이같이 기록된 구절을 찾으셨으니, 곧
18 주의 성령이 내게 림하셨으니 이는 가난한 자에게 복음을 전하게
하시려고 나에게 기름을 부으시고 나를 보내여** 포로 된 자에게
해방을 눈먼 자에게 보게 함을 그리고 억압받는 자에게 자유를 선
포하며
19 주의 은혜의 해를 선포하게 하려 하심이라 하는 말씀이였다
20 예수께서 그 두루마리를 되말아 그 맡은 자에게 돌려주고 앉으시
니 회당에 있는 사람들의 눈길이 다 그에게로 쏠렸다
21 이때에 예수께서 그들에게 말씀하시기를, 오늘 너희가 듣는 이 성
경 말씀이 성취되였다 하시자
22 모두가 예수를 칭송하였으나 어떤 사람들은 그의 입에서 나오는
은혜로운 말씀을 오히려 의심하고 빈정거리며 말하기를, 이 사람
은 요셉의 아들이 아니냐 하였다

* 오시어

** 보내어

23 그러자 예수께서 그들에게 말씀하시기를, 너희는 분명히 나에게
의사여, 너 자신을 고치라 하는 속담을 인용하며 말하기를, 당신
이 가버나움에서 행하였다고 우리가 들었던 그 일들을 여기 당신
의 고향에서도 행하시오 하리라 하시고
24 또 말씀하시기를, 아멘, 내가 너희에게 말하노니 어떤 대언자도
자기 고향에서는 환영받지 못한다
25 참으로 내가 너희에게 말하노니 엘리야 시대에 세 해 여섯 달 동
안 하늘이 닫히고 온 땅에 큰 기근이 들었을 때에 이스라엘에 많
은 과부가 있었으나
26 엘리야가 그들 중 어느 누구에게도 보내심을 받지 않고 오직 시
돈 땅 사렙다에 있는 한 과부에게만 보내심을 받았고
27 대언자 엘리사 시대에 이스라엘에 많은 문둥병자가 있었으나 그
들 중 어느 누구도 깨끗함을 받지 못하고 오직 수리아 사람 나아
만만 받았다 하셨다
28 회당에 있던 모든 사람이 이 말씀을 듣고 분노로 가득 차서
29 일어나 예수를 마을 밖으로 몰아내고 그 동네가 세워진 언덕의 낭
떠러지까지 이끌고 가서 그를 아래로 밀어 버리려 하였으나
30 예수께서 그들 가운데를 지나 그의 길을 가셨다

더러운 귀신 들린 사람을 고치시다

31 그 후에 예수께서 갈릴리의 한 마을인 가버나움으로 내려가 안식
일에 사람들에게 가르치시자
32 그들이 그의 가르치심에 놀라니 이는 그의 말씀이 권위를 지니고
있었기 때문이다
33 그 회당에 더러운 귀신의 령이 들린 사람이 있어 큰 소리로 부르
짖기를,
34 나사렛 예수여, 우리가 당신과 무슨 상관이 있습니까 우리를 멸
하려고 오셨습니까 당신이 누구신지 내가 아니 당신은 하나님의
거룩하신 분입니다 하자
35 예수께서 귀신을 꾸짖으며 명하시기를, 너는 잠잠하고 그 사람에
게서 나오라 하시니 귀신이 그 사람을 그들 한가운데 내동댕이치
고 그에게서 나왔으나 그 사람에게 아무 해도 입히지 않았다
36 이때에 사람들이 다 놀라며 서로 말하기를, 이것이 어떠한 말씀
인가 그가 권위와 능력으로 더러운 귀신들에게 명령하니 그것들
이 나가는구나 하였고
37 예수에 대한 소문이 그 주변의 모든 지역으로 퍼져 나갔다

온갖 병자들을 고치시다

38 예수께서 그 회당을 떠나 시몬의 집에 들어가셨을 때에 시몬의 장
모가 심한 열병을 앓고 있었다 사람들이 그녀의 일로 예수께 도
움을 청하자
39 예수께서 서서 그녀를 굽어보며 열병을 꾸짖으시니 그녀에게서
열병이 떠났고 그녀가 즉시 일어나 그들을 섬겼다
40 해가 질 무렵에 사람들이 온갖 병자를 예수께 데려오니 예수께서
일일이 그들에게 손을 얹어 다 고쳐 주셨다
41 그때에 귀신들이 많은 사람에게서 나가며 소리치기를, 당신은 하
나님의 아들이십니다 하자 예수께서 꾸짖고 그들이 말하는 것을
허락하지 않으셨다 이는 그들이 예수께서 그리스도이심을 알고
있었기 때문이다

복음을 전하러 떠나시다

42 새벽 동틀녘에 예수께서 거기서 떠나 한적한 곳으로 가셨으나 무
리가 그를 찾아다니다가 그를 만나자 자기들에게서 떠나시지 못
하게 하려 하니
43 예수께서 그들에게 말씀하시기를, 내가 다른 마을에서도 하나님
나라의 복음을 전해야 한다 이것을 위하여 내가 보내심을 받았기
때문이다 하시고
44 유대의 여러 회당에서 계속 복음을 전하셨다

5장

어부들이 예수를 따르다

1 예수께서 게네사렛 호수가*에 서 계실 때에 무리가 하나님의 말씀
을 들으려고 그에게 모여들었다
2 이때에 예수께서 호수가에 배 두 척이 있는 것을 보셨는데 마침
어부들이 배에서 나와 그물을 씻고 있었다
3 예수께서 그 배들 중 하나인 시몬의 배에 오르신 후에 배를 뭍에
서 조금 띄우도록 그에게 청하시고 배에 앉아 무리를 가르치셨다
4 예수께서 말씀을 마친 후에 시몬에게 말씀하시기를, 저 깊은 바
다로 가서 그물을 내려 고기를 잡으라 하시니
5 시몬이 답변하기를, 선생님, 우리가 밤새도록 수고하였어도 아무
것도 잡지 못하였으나 당신께서 말씀하신 대로 내가 그물을 내리
겠습니다 하였다
6 그들이 그대로 행하자 물고기가 너무 많이 잡혀서 그물이 찢어져 가니

---

* 호숫가

7 그들이 다른 배에 있는 동료들에게 와서 도와 달라고 손짓하매 그
사람들이 와서 두 배에 가득 채웠는데 그 배들이 모두 가라앉으
려 하였다
8 시몬 베드로가 그것을 보고 예수의 무릎 아래 엎드려 말하기를,
주여, 내게서 떠나주십시오 나는 죄인입니다 하였다
9 이는 베드로 및 그와 함께 있던 모든 사람이 그들이 잡은 물고기
의 일로 매우 놀랐고
10 세베대의 아들들로서 시몬의 동업자인 야고보와 요한도 놀랐기
때문이다 이때에 예수께서 시몬에게 말씀하시기를, 두려워하지
말라 지금부터 네가 사람들을 잡으리라 하시니
11 그들이 배들을 뭍에 댄 후에 모든 것을 버려두고 예수를 따랐다

문둥병자를 깨끗하게 하시다

12 예수께서 어떤 마을에 계실 때에 온몸에 문둥병이 퍼진 한 남자가
예수를 보고 얼굴을 땅에 대고 절하며 간청하기를, 주여, 당신께
서 원하시면 나를 깨끗하게 하실 수 있습니다 하니
13 예수께서 손을 내밀어 그에게 대시며 말씀하시기를, 내가 원하노
니 너는 깨끗함을 받으라 하시자 즉시 문둥병이 그에게서 떠났다

14 이때에 예수께서 그에게 명하시기를, 너는 아무에게도 알리지 말
고 가서 제사장에게 네 몸을 보이되 네가 깨끗해진 것에 관하여
모세가 명령한 대로 례물*을 드려 사람들에게 증거가 되게 하라
하셨다
15 그러나 예수에 관한 소문이 더욱 많이 퍼지니 큰 무리가 예수의
말씀을 듣고 자기들의 질병도 고침을 받으려고 모여들었으나
16 예수께서는 광야로 물러가 기도하셨다

중풍병자를 고치시다

17 어느 날 예수께서 가르치실 때에 갈릴리의 모든 마을과 유대와 예
루살렘에서 온 바리새인들과 률법교사들이 거기 앉아 있었는데
병을 고치는 주의 권능이 예수와 함께 있었다
18 이때에 사람들이 한 중풍병자를 들것에 싣고 와서 예수 앞에 데
려다 놓으려고 애쓰다가
19 무리 때문에 그를 데리고 들어갈 수가 없게 되자 지붕에 올라가
지붕을 뜯어내고 그를 들것에 누인 채 예수 앞의 한가운데로 내
려보내니

---

* 예물

20 예수께서 그들의 믿음을 보시고 말씀하시기를, 이 사람아, 너의
죄들이 사함을 받았다 하셨다
21 그러자 률법교사들과 바리새인들이 속으로 따지며 묻기를, 신성
모독의 말을 하는 이 사람은 누구냐 하나님 한 분 외에 누가 죄를
사할 수 있는가 하니
22 예수께서 그들이 따지며 묻는 것을 아시고 그들에게 말씀하시기를,
어찌하여 너희가 마음속으로 따지느냐
23 네 죄 사함을 받았다 하고 말하는 것과 일어나 걸어가라 하는 말
중에 어느 것이 더 쉬우냐
24 그러나 이것은 인자가 땅에서 죄를 사하는 권세를 가지고 있음을
너희로 알게 하려 함이다 하셨다 그러고서 예수께서 그 중풍병자
에게 말씀하시기를, 내가 너에게 말하노니 일어나 네 들것을 가
지고 집으로 가라 하시자
25 즉시 그가 그들 앞에서 일어나 자기가 누웠던 들것을 가지고 하
나님께 영광을 돌리며 집으로 갔다
26 이에 그들이 다 놀라 하나님께 영광을 돌리며 두려움으로 가득 차
서 말하기를, 우리가 오늘 기이한 일을 보았다 하였다

레위가 예수를 따르다

27 이 일 후에 예수께서 나가시다가 레위라는 이름을 가진 세리가 세
관에 앉아 있는 것을 보시고 그에게 말씀하시기를, 나를 따르라
하시니
28 레위가 모든 것을 버려두고 일어나 예수를 따랐다
29 레위가 예수를 위하여 자기 집에서 큰 잔치를 베푸니 큰 무리의
세리와 다른 사람들이 함께 상에 앉았다
30 그러자 바리새인들과 그들의 률법교사들이 예수의 제자들에게 불
평하며 말하기를, 어찌하여 너희는 세리와 죄인들과 함께 먹고 마
시느냐 하니
31 예수께서 그들에게 대답하시기를, 건강한 사람은 의사가 필요하
지 않으나 병든 사람은 필요하다
32 내가 의인을 부르러 온 것이 아니라 죄인을 불러 회개시키려고 왔
다 하셨다

33 그때에 그들이 예수께 말하기를, 요한의 제자들은 자주 금식하며
기도하고 바리새인의 제자들도 그렇게 하는데 당신의 제자들은
먹고 마십니다 하자
34 예수께서 그들에게 말씀하시기를, 신랑의 손님들이 신랑과 함께
있는 동안 너희는 그 손님들로 금식하게 할 수 있느냐
35 그러나 신랑을 빼앗길 날이 올 것이니 그때에는 그들이 금식하리
라 하셨다
36 예수께서 또 그들에게 한 비유로 이같이 말씀하셨다 아무도 새 옷
에서 한 조각을 찢어 내여 낡은 옷에 붙이지 않는다 만일 그렇게
하면 새 옷이 찢어지고 새 옷에서 떼어* 낸 조각도 낡은 옷과 어
울리지 않을 것이다
37 또 아무도 햇포도주를 낡은 가죽자루에 담지 않는다 만일 그렇게
하면 햇포도주가 낡은 가죽자루를 터뜨려 포도주가 쏟아지고 가
죽자루도 망가지리라
38 햇포도주는 새 가죽자루에 담아야 한다
39 그러나 어느 누구도 묵은 포도주를 마신 후에는 햇포도주를 원하
지 않고 사람마다 말하기를, 묵은 것이 좋구나 한다

---

* 떼어

하나님의 말씀이
영혼을 살립니다.

성경을 구하지 못해 울며 부르짖는 성도들을 보신 적이 있나요? 깊은 속 안에서부터 쥐어짜며 부르짖는 안타까움의 소리를 들어 보신 적은 있나요? 빼앗긴 성경이 불태워지고, 빈손이 되어 속으로만 주님의 이름을 부를 수밖에 없었던 성도들의 찢어진 마음을 아시나요? 김칫독에 잘 숨겨놓았던 성경이 김치국물에 젖어 너덜너덜해지자 하염없이 울던 어머니를 나무랄 수 있나요? 예배 한번 드리기를 그렇게 사모하며 갈망했던 어머니들, 할머니들을 책망할 수 있나요?

그들은 제가 가지고 있던 성경을 보며 침을 꿀꺽꿀꺽 삼켰습니다. 참다못해 그것을 달라며 "그것 놓고 가라요!"라고 말했습니다.

하나님 말씀이 영혼을 살립니다. 영혼이 살아납니다. 메말랐던 영혼이 생명을 얻습니다. 하나님의 말씀은 오늘도 살아서 역사하십니다. 그래서 세워지는 교회. 그 교회가 지금도 누군가가 전해준 성경 한 권으로 반석 위에 세워지고 있습니다.

_『무익한 종의 편지』

6장

안식일에 밀 이삭을 자르다

1 안식일에 예수께서 밀밭 사이로 지나가실 때에 그의 제자들이 밀
이삭을 잘라 손으로 비벼 먹으니
2 바리새인 중 몇 사람이 그들에게 묻기를, 어찌하여 너희는 안식
일에 옳지 않은 일을 행하느냐 하였다
3 그러자 예수께서 그들에게 대답하시기를, 너희는 다윗과 그와 함
께 있던 자늘이 굶주렸을 때에 다윗이 행한 일에 대하여 읽지 못
하였느냐
4 그때에 다윗이 하나님의 집에 들어가 차림떡*을 집어먹고 자기와
함께 있는 사람들에게도 주었는데 그 떡은 제사장들 외에는 먹을
수 없는 것이 아니었느냐 하시고
5 다시 그들에게 말씀하시기를, 인자는 안식일의 주인이다 하셨다

---

* 진설병

안식일에 손 오그라든 사람을 고치시다

6 또 다른 안식일에 예수께서 한 회당에 들어가 가르치실 때에 오
른손이 오그라든 사람이 거기에 있었다
7 률법교사들과 바리새인들은 예수께서 안식일에 고쳐 주시는지 지
켜보며 그를 고발할 구실을 찾고 있었는데
8 예수께서 그들의 생각을 아시고 손이 오그라든 그 사람에게 말씀
하시기를, 일어나 한가운데 서라 하시니 그가 일어나 섰다
9 이때에 예수께서 그들에게 말씀하시기를, 내가 너희에게 한 가지
묻겠다 안식일에 선을 행하는 것과 악을 행하는 것 생명을 구하
는 것과 멸하는 것 중에 어느 것이 옳으냐 하시고
10 그들을 다 둘러보신 후에 그 사람에게 말씀하시기를, 네 손을 내
밀라 하시자 그가 손을 내미니 그의 손이 회복되였다
11 그러나 그들은 분노로 가득 차서 예수를 어떻게 할지 서로 의론*
하였다

---

* 의논

열두 제자를 사도로 택하시다

12 그 후에 예수께서 기도하러 산으로 가서 밤새도록 하나님께 기도
하시고
13 날이 밝자 그의 제자들을 불러 그들 중에서 열둘을 택하시며 그
들에게 사도라는 이름을 주셨으니
14 그들은 예수께서 베드로라는 이름을 주신 시몬과 그의 형제 안드
레, 야고보와 요한, 빌립과 바돌로매와
15 마태와 도마, 알패오의 아들 야고보, 열심당원이라 불리는 시몬,
16 야고보의 아들 유다 그리고 예수를 넘겨준 가룟 유다였다
17 예수께서 그들과 함께 내려와 평지에 서시니 그의 제자들의 큰 무
리 및 온 유대와 예루살렘으로부터 그리고 두로와 시돈의 해안으
로부터 온 수많은 사람이 거기에 있었는데 그들은 예수의 말씀을
듣고 병 고침을 받으려고 왔다
18 또한 더러운 귀신들에게 고통을 당하던 자들도 와서 모두 고침을
받았다
19 온 무리가 예수를 만지려고 애쓰니 이는 예수께로부터 능력이 나
가 사람들을 다 고쳐 주었기 때문이다

복과 화를 선포하시다

20 예수께서 눈을 들어 그의 제자들을 보시며 이같이 말씀하셨다 복
받은 너희는 지금은 가난하나 하나님의 나라가 너희 것이다
21 복 받은 너희는 지금 굶주리나 마침내 배부르게 되리라 복 받은
너희는 지금 슬피 우나 마침내 웃게 되리라
22 인자로 인하여 사람들이 너희를 미워하고 따돌리고 욕하고 루명*을
씌워 너희를 배척할 때에 너희가 복 받았으니
23 그날에 즐거워하며 기뻐 뛰여라 하늘에서 너희의 상이 큼이라 그
들의 조상들도 대언자들에게 이와 같이 행하였다
24 그러나 화로다 너희 부유한 자들이여, 너희는 이미 위로를 받았다
25 화로다 너희 지금 배부른 자들이여, 너희는 마침내 굶주리게 되리
라 화로다 너희 지금 웃는 자들이여, 너희는 마침내 슬퍼하며 울
게 되리라
26 화로다 너희는 지금 모든 사람에게 칭송을 받으나 그들의 조상들
도 거짓 대언자들을 칭송하였다

---

* 누명

대적을 사랑하라

27 그러나 듣고 있는 너희에게 내가 말하노니 너희 대적들을 사랑하
고 너희를 미워하는 자들을 선대하라
28 너희를 저주하는 자들을 축복하고 너희를 모욕하는 자들을 위하
여 기도하라
29 너의 한쪽 뺨을 때리는 자에게 다른 뺨까지 돌려대고 너의 겉옷
을 빼앗는 자에게 네 속옷도 거절하지 말라
30 너에게 요구하는 모든 사람에게 주고 너의 것을 가져가는 사람에
게서 그것을 되찾으려 하지 말라
31 사람들이 너희에게 해주기 바라는 대로 너희도 그들에게 해주어라
32 너희가 너희를 사랑하는 자들을 사랑하면 너희에게 무슨 공이 있
겠느냐 죄인들도 자기를 사랑해 주는 자들을 사랑한다

33 너희가 너희를 선대하는 자들을 선대하면 너희에게 무슨 공이 있
겠느냐 죄인들도 이와 같이 행한다
34 너희가 돌려받기를 바라고 사람들에게 꾸어 주면 너희에게 무슨 공
이 있겠느냐 죄인들도 준 만큼 돌려받으려고 죄인들에게 꾸어 준다
35 너희는 대적들을 사랑하고 선대하며 아무것도 바라지 말고 꾸어
주어라 그리하면 너희 상이 클 것이요 너희가 지극히 높으신 이
의 자녀가 되리라 그가 은혜를 모르는 자와 악인에게도 인의하시
기 때문이다
36 너희 아버지께서 자비로우신 것같이 너희도 자비로운 자가 되라
37 비판하지 말라 그리하면 너희가 비판을 받지 않으리라 정죄하지
말라 그리하면 너희가 정죄를 받지 않으리라 용서하라 그리하면
너희가 용서를 받으리라
38 너희는 주라 그리하면 너희에게 주어질 것이니 후하게 재어 눌러
담고 량손*으로 흔들어서 흘러넘치게 돌려받으리라 너희가 재어
서 주는 그 그릇의 크기로 너희가 되돌려 받으리라

---

* 양손

네 눈에 있는 들보

39 또 예수께서 그들에게 한 비유를 이같이 말씀하셨다 맹인이 맹인
을 인도할 수 있느냐 그리하면 둘 다 구덩이에 빠지지 않겠느냐
40 제자가 그 선생보다 높을 수 없으나 다 배운 사람은 그의 선생과
같아지리라
41 어찌하여 너는 네 형제의 눈에 있는 티는 보면서 네 눈에 있는 들
보는 못 보느냐
42 어떻게 너는 네 눈에 있는 들보는 못 보면서 네 형제에게 말하기
를, 형제여, 나로 하여금 네 눈에 있는 티를 빼게 하라 할 수 있느
냐 너 위선자여, 먼저 네 눈에 있는 들보를 빼내여라 그리하면 네
가 선명하게 보고 네 형제의 눈에 있는 티를 빼낼 수 있으리라
43 좋은 나무는 나쁜 열매를 맺지 않고 나쁜 나무는 좋은 열매를 맺
지 않는다
44 그러므로 나무마다 그 열매로 알려지니 사람들이 가시나무에서
무화과를, 찔레에서 포도를 딸 수 없다
45 선한 사람은 선한 마음의 곳간에서 선한 것을 가져오고 악한 사
람은 그 악한 마음 곳간에서 악한 것을 가져오니 이는 마음에 가
득한 것을 그 입이 말함이라

듣고 행하는 자와 행하지 아니하는 자

46 어찌하여 너희는 나를 주여 주여, 하고 부르면서 내가 말하는 것
들은 행하지 않느냐
47 나에게 와서 내 말을 듣고 행하는 자가 누구와 같은지 내가 너희
에게 보여주겠다
48 그 사람은 땅을 깊이 파고 반석 우에 기초를 놓아 집을 짓는 자와
도 같으니 그러한 집은 홍수가 나서 큰 물이 그 집에 몰아쳐도 그
집이 견고히 지어졌으므로 흔들리지 않았다
49 나의 말을 듣고 행하지 않는 자는 기초 없이 맨 땅에 집을 짓는 자
와도 같으니 그러한 집은 급류가 몰아치자 즉시 무너졌고 그 무
너짐이 컸다

7장

백인대장의 종을 고치시다

1 예수께서 이 모든 말씀을 백성에게 들려주신 후에 가버나움에 들
어가셨다

2 그곳에 어떤 백인대장이 매우 사랑하는 한 종이 있었는데 그가 병
들어 거의 죽게 되자

3 그 백인대장이 예수의 소문을 듣고 유대인의 장로 몇 사람을 예수
께 보내여 아무쪼록 오셔서 자기 종을 고쳐 주실 것을 청하였는데

4 그들이 예수께 와서 간곡히 청하며 말하기를, 그는 당신께서 도
와주실 만한 사람입니다

5 그가 우리 민족을 사랑하고 우리를 위하여 회당을 지어주었습니
다 하였다

6 예수께서 그들과 함께 가서 그 집에서 멀지 않은 곳에 이르시니 그
백인대장이 친구들을 보내여 예수께 말하기를, 주여, 수고하지 마
십시오 나는 당신을 내 지붕 아래로 오시게 할 자격이 없습니다

7 그러므로 나도 당신께 나아갈 자격이 없으니 단지 말씀만 하시여
나의 종이 고침을 받게 해주십시오
8 나도 권위 아래 있는 사람이고 내 밑에 병사들이 있는데 이 병사
에게 말하기를, 가라 하면 가고 저 병사에게 오라 하면 오며 내 종
에게 이것을 행하라 하면 그가 행합니다 하였다
9 예수께서 이 말을 듣고 그에 대하여 놀라시며 몸을 돌이켜 뒤따
르는 사람들에게 말씀하시기를, 내가 너희에게 말하노니 이스라
엘에서도 내가 이만한 믿음은 본 적이 없다 하셨다
10 보내여졌던 사람들이 집으로 돌아가 보니 그 종이 이미 나아 있었다

과부의 아들을 살리시다

11 이튿날 예수께서 나인이라는 성에 들어가시니 예수의 제자들과
큰 무리가 함께 갔다
12 예수께서 그 성문에 가까이 가셨을 때에 사람들이 한 죽은 자를
메고 나왔는데 그는 한 어머니의 외아들이고 그 어머니는 과부였
으며 그 성의 많은 사람이 그녀와 함께 있었다

13 주께서 그 녀인을 보시고 불쌍히 여겨 그녀에게 말씀하시기를, 울
지 말라 하시고
14 앞으로 나아가 그 관에 손을 대시니 메고 가던 사람들이 멈추어
섰다 그때에 예수께서 말씀하시기를, 청년아, 내가 너에게 말하
노니 일어나라 하시자
15 죽었던 사람이 일어나 앉아 말하기 시작하매 예수께서 그를 그의
어머니에게 주셨다
16 이에 두려움이 모든 사람에게 엄습하였고 그들이 하나님께 영광
을 돌리며 말하기를, 큰 대언자가 우리 가운데 일어나셨다 하고
또 하나님이 자신의 백성을 돌아보셨나 하였나
17 예수에 대한 이 소문이 온 유대와 주변 지역으로 두루 퍼져 나갔다

세례 요한의 제자들에게 대답하시다

18 요한의 제자들이 이 모든 일을 요한에게 고하였을 때에
19 요한이 그의 제자들 중 둘을 불러 예수께 보내여 당신이 오시기
로 한 그분입니까 아니면 우리가 다른 이를 기다려야 합니까 하
고 묻게 하니
20 그들이 예수께 와서 묻기를, 세례 요한이 우리를 당신께 보내면서
당신이 오시기로 한 그분입니까 아니면 우리가 다른 이를 기다려
야 합니까 하고 물으라 하였습니다 하였다

21 바로 이때에 예수께서 질병과 고통과 악령에 시달리는 사람들을
많이 고치시고 많은 맹인도 보게 하시다가
22 그들에게 대답하시기를, 너희는 가서 너희가 보고 들은 것을 요
한에게 말하되 맹인이 보고 다리 저는 자가 온전히 걸으며 문둥
병자가 깨끗해지고 듣지 못하는 자가 들으며 죽은 자가 일으킴을
받고 가난한 자에게 복음이 전파된다 하라
23 나로 인하여 실족하지 않는 자는 복 받았다 하셨다
24 요한의 전령들이 떠나가자 예수께서 요한에 대하여 무리에게 말
씀하시기를, 너희가 무엇을 보려고 광야에 나갔었느냐 바람에 흔
들리는 갈대냐
25 아니면 너희가 무엇을 보려고 나갔었느냐 부드러운 옷을 입은 사람
이냐 보라, 화려하게 차려입고 호화롭게 사는 자들은 궁전에 있다
26 그러면 너희가 무엇을 보려고 나갔었느냐 한 대언자냐 그렇다 내
가 너희에게 말하노니 대언자보다 더 훌륭한 사람이다
27 기록된바 보라, 내가 나의 사자를 네 앞에 보내니 그가 네 앞에서
너의 길을 예비하리라 한 것이 이 사람에 관한 것이다
28 내가 너희에게 말하노니 녀인들이 낳은 사람 중에 요한보다 더 큰
자는 없다 그러나 하나님의 나라에서는 가장 작은 사람도 그보다
크다 하셨다

29 모든 백성과 세리들은 이미 요한에게 세례를 받았으므로 이 말씀
을 듣고 하나님을 의롭게 여겼으나
30 바리새인들과 률법교사들은 요한에게 세례 받기를 거부함으로써
그들을 위한 하나님의 뜻을 저버렸다
31 예수께서 또 말씀하시기를, 그러면 내가 이 세대의 사람들을 무
엇에 비기며 그들을 무엇과 같다고 할까
32 그들은 장터에 앉아서 서로 부르며 말하기를, 우리가 너희를 향
하여 피리를 불어도 너희가 춤추지 않았고 우리가 너희를 향하여
애곡하여도 너희가 울지 않았다 하는 아이들과 같다
33 세례 요한이 와서 떡도 먹지 않고 포도주도 마시지 않으니 너희
가 말하기를, 그가 귀신 들렸다 하고
34 인자가 와서 먹고 마시니 너희가 말하기를, 보라, 그는 먹보에 술
고래요 세리와 죄인의 친구로다 하는구나
35 그러나 지혜는 자기의 모든 자녀로 인하여 옳다고 인정받는다 하셨다

한 녀인이 예수께 향유를 바르다

36 바리새인 한 사람이 예수께 자기와 함께 잡수시기를 청하니 예수
께서 그 바리새인의 집에 들어가 상에 앉으셨다
37 그때에 그 마을에 사는 죄 많은 한 녀인이 예수께서 그 바리새인
의 집에서 식사하시는 것을 알고 향유가 담긴 옥합을 들고 와서
38 예수의 뒤, 곧 그의 발 옆에 서서 울며 자기 눈물로 그의 두 발을
적시기 시작하였다 그러고는 자기 머리카락으로 예수의 발을 닦
은 후에 그의 두 발에 입을 맞추고 그 발에 향유를 바르니
39 예수를 초대한 바리새인이 그것을 보고 마음속으로 생각하기를,
이 사람이 대언자라면 자기를 만지는 녀인이 누구이고 어떤 부류
의 사람인지, 곧 그녀가 죄인인 줄을 알았으리라 하였다
40 그러자 예수께서 그 바리새인에 대한 답변으로 말씀하시기를, 시
몬아, 내가 너에게 할 말이 있다 하시니 그가 말하기를, 선생님,
말씀하십시오 하였다
41 예수께서 말씀하시기를, 어떤 채주에게 빚진 사람 둘이 있었는데
한 사람은 오백 데나리온을 또 한 사람은 쉰 데나리온을 빚졌다
42 그들이 갚을 것이 없으므로 채주가 두 사람에게 빚을 모두 탕감해
주었는데 두 사람 중에서 누가 그 채주를 더 사랑하겠느냐 하시니

43 시몬이 대답하기를, 내가 생각하기로는 채주가 더 많은 빚을 탕감
해 준 사람입니다 하자 예수께서 그에게 말씀하시기를, 네가 올바
르게 판단하였다 하셨다
44 예수께서 그 녀인에게로 몸을 돌이키시고 시몬에게 말씀하시기
를, 네가 이 녀인을 보느냐 내가 너의 집에 들어갔을 때에 너는
나에게 발 씻을 물을 주지 않았으나 이 녀인은 자기 눈물로 내 발
을 적시고 자기 머리카락으로 내 발을 닦았다
45 너는 나에게 볼을 맞추지 않았으나 이 녀인은 내가 들어온 이후
로 나의 발에 입맞추기를 멈추지 않았다
46 너는 내 머리에 기름도 바르지 않았으나 이 녀인은 나의 발에 향
유를 발라 주었다
47 그러므로 내가 너에게 말하노니 이 녀인의 많은 죄가 사함을 받
았다 그녀가 많이 사랑하였기 때문이다 그러나 적게 사함을 받은
자는 적게 사랑한다 하시고
48 예수께서 그 녀인에게 말씀하시기를, 너의 죄들이 사함을 받았다
하셨다
49 그러자 함께 상에 앉아 있던 자들이 자기들끼리 말하기를, 이 사
람이 누구이기에 감히 죄도 사하는가 하였으나
50 예수께서 그 녀인에게 말씀하시기를, 네 믿음이 너를 구원하였으
니 평안히 가라 하셨다

8장

녀자들이 예수의 활동을 돕다

1 그 후에 예수께서 각 성과 마을을 두루 다니시며 하나님의 나라를
선포하고 복음을 전하셨다 이때에 열두 제자가 그와 동행하였고
2 악령과 질병에서 고침을 받은 어떤 녀자*들, 곧 일곱 귀신이 쫓겨
나간 막달라인이라 하는 마리아와
3 헤롯의 청지기인 구사의 안해 요안나와 수산나와 그 밖에 다른 녀
자들이 예수와 함께 있어 자기들의 재물로 그들을 섬겼나

네 가지 땅에 떨어진 씨 비유

4 큰 무리가 모여들고 각 마을에서 사람들이 예수께 왔을 때에 예
수께서 한 비유로 말씀하시기를,
5 씨 뿌리는 자가 씨를 뿌리러 나가서 뿌리니 어떤 씨앗은 길가에
떨어져 발에 밟히며 공중의 새들이 먹어 버렸고

---

* 여자

6 어떤 씨앗은 바위 우에 떨어져 바로 싹이 돋았으나 물기가 없으
므로 말라 버렸다
7 또 어떤 씨앗은 가시나무 덤불 가운데 떨어지니 가시들이 함께 자
라면서 그것을 옥죄였고*
8 어떤 씨앗은 좋은 흙에 떨어지니 자라서 백 배의 열매를 맺었다
하셨다 예수께서 이 비유를 말씀하신 후에 웨치시기를, 들을 귀
를 가진 자는 들으라 하셨다

비유를 설명하시다

9 제자들이 이 비유의 뜻을 예수께 물으니
10 예수께서 이같이 말씀하셨다 너희에게는 하나님 나라의 비밀을
아는 것이 허락되였으나 다른 사람들에게는 비유로 주어졌으니
이는 그들이 보아도 알아차리지 못하고 들어도 깨닫지 못하게 하
려 함이다
11 그 비유는 이러하니 씨는 하나님의 말씀이다
12 길가에 있는 씨는 말씀을 들으나 마귀가 와서 그 마음에서 말씀
을 빼앗아 가 믿고 구원받지 못하게 되는 사람이다
13 바위 우에 있는 씨는 말씀을 듣고 기쁨으로 받으나 뿌리가 없어
한동안 믿다가도 시험이 오면 실족하는 사람이다

---

* 옥죄었고

14 가시나무 덤불 가운데 떨어진 씨는 말씀을 듣고 가서 이생의 념려*
와 재물과 향락에 옥죄이여 완전한 열매를 맺지 못하는 사람이다
15 그러나 좋은 흙에 있는 씨는 바르고 선한 마음으로 말씀을 듣고
지켜 인내로써 열매를 맺는 사람이다

등불은 등받침 우에

16 누구든지 등불을 켜서 그릇으로 그것을 덮어 두거나 침상 아래 두
지 않고 등받침 우에 올려놓으니 이는 들어오는 사람들로 그 빛
을 보게 하려 함이다
17 숨겨진 것으로서 드러나지 않을 것이 없고 감주어진 것으로서 알
려지고 밝혀지지 않을 것이 없으니
18 너희는 어떻게 듣고 있는지 주의하라 가진 자에게는 더 주어질 것
이나 가지지 않은 자는 자기가 가지고 있다고 생각하는 것까지 빼
앗기리라

* 염려

예수의 어머니와 동생들

19 이때에 예수의 어머니와 형제들이 그를 찾아왔으나 무리로 인하
여 예수께 다가갈 수 없게 되자
20 어떤 사람이 예수께 전하기를, 당신의 어머니와 당신의 형제들이
당신을 보기 원하여 밖에 서 있습니다 하니
21 예수께서 그들에게 답변하시기를, 내 어머니와 내 형제들은 하나
님의 말씀을 듣고 행하는 이 사람들이다 하셨다

바람과 물결을 잔잔하게 하시다

22 하루는 예수께서 제자들과 함께 배에 타시고 그들에게 말씀하시
기를, 호수 저편으로 건너가자 하시니 그들이 배를 저어 나아갔다
23 제자들이 배를 젓는 동안 예수께서 잠이 드셨는데 갑자기 광풍이
호수로 내리치니 배에 물이 가득 차서 그들이 위태롭게 되였다
24 이에 제자들이 예수께 다가가 그를 깨우며 말하기를, 선생님 선
생님, 우리가 죽게 되였습니다 하매 예수께서 깨여나* 바람과 물
결을 꾸짖으시니 그것이 멎어 잔잔해졌다
25 이때에 예수께서 제자들에게 말씀하시기를, 너희 믿음이 어디에
있느냐 하시니 그들이 놀라고 두려워하며 서로 말하기를, 이분이
누구시기에 심지어 바람과 물에게도 명령하시고 또 그것들이 그
에게 순종하는가 하였다

---

* 깨어나

귀신 들린 사람을 고치시다

26 그들이 갈릴리 맞은편 거라사인의 땅에 이르렀을 때에

27 예수께서 뭍에 오르시니 그 도시 사람으로 귀신 들린 자 하나가 예수와 마주쳤는데 그는 오래동안* 옷을 입지 않고 집이 아닌 무덤들 사이에서 살고 있었다

28 그가 예수를 보았을 때에 소리지르고 그의 앞에 쓰러져 큰 소리로 웨치기를, 당신은 나와 무슨 상관이 있습니까 지극히 높으신 하나님의 아들 예수여, 제발 비오니 나를 괴롭히지 마십시오 하였다

29 이는 예수께서 그 더러운 귀신에게 그 사람에게서 나오라고 이미 명령하셨기 때문이다 그 귀신이 자주 그 사람을 사로잡으므로 사람들이 그를 쇠사슬과 차꼬로 묶어 가두었으나 그가 그 결박을 끊고 귀신에 이끌려 광야로 나가곤 하였다

30 예수께서 그에게 물으시기를, 네 이름이 무엇이냐 하시니 그가 대답하기를, 군단입니다 하였다 많은 귀신이 그에게 들어갔던 것이다

31 그 귀신들은 자기들을 무저갱으로 들어가도록 명하지 마시라고 예수께 간청하였다

32 마침 거기에 많은 돼지떼가 산비탈에서 먹고 있었는데 귀신들이 자기들을 그 돼지떼에게 들어가게 해달라고 예수께 간청하자 예수께서 허락하시니

---

* 오랫동안

33 귀신들이 그 사람에게서 나와 돼지들에게 들어가매 그 떼가 비탈
길로 내리 달려 호수에 빠져 몰사하였다
34 돼지떼를 먹이던 자들이 그 일어난 일을 보고 달아나 그 도시와
지역에 그 일을 알리니
35 사람들이 무슨 일이 일어났는지 보려고 예수께로 왔다가 귀신들
이 쫓겨 나간 그 사람이 옷을 입고 온전한 정신으로 예수의 발치
에 앉아 있는 것을 보고 두려워하였다
36 귀신 들렸던 사람이 어떻게 구원받았는지를 지켜본 사람들이 그
들에게 이야기하자
37 거라사인의 땅 근방에 있는 모든 백성이 크게 두려워하며 예수께
자신들에게서 떠나시기를 요청하니 예수께서 배를 타고 되돌아
가셨다
38 귀신들이 쫓겨 나간 그 사람이 예수께 함께 있도록 해달라고 간
청하였으나 예수께서 그를 보내며 말씀하시기를,
39 너는 집으로 돌아가 하나님이 너에게 얼마나 큰 일을 행하셨는지
전하라 하시자 그가 가서 그 도시를 두루 다니며 예수께서 자기
에게 얼마나 큰 일을 행하셨는지를 전파하였다

40 예수께서 돌아오셨을 때에 무리가 그를 환영하였다 그들이 다 예수를 기다리고 있었던 것이다

41 그때에 야이로라는 이름을 가진 한 회당장이 와서 예수의 발 앞에 엎드려 자기 집으로 와 주십사고 간청하였다

42 이는 그에게 열두 살쯤 되는 외동딸이 있었는데 그 아이가 죽어가고 있었기 때문이다 예수께서 가실 때에 무리가 그를 에워싸고 밀었다

43 이때에 열두 해 동안 출혈병을 앓고 있으면서 의사들에게 모든 재산을 바쳤으나 아무에게도 고침을 받지 못한 한 녀인이

44 예수의 뒤로 와서 그의 옷자락을 만지니 즉시 그녀의 출혈병이 멎었다

45 그러자 예수께서 물으시기를, 나를 만진 자가 누구냐 하시니 사람들이 모두 부인하였고 베드로는 말하기를, 선생님, 무리가 당신을 에워싸며 밀고 있습니다 하였다

46 그러나 예수께서 말씀하시기를, 누군가 나를 만졌다 나에게서 능력이 나간 것을 내가 알기 때문이다 하시니

47 그 녀인은 스스로 숨길 수 없음을 알고 떨며 나아와 예수 앞에 엎드려 왜 자기가 그를 만졌으며 어떻게 자기가 즉시 고침을 받게 되었는지를 모든 사람이 보는 데서 예수께 고하매

48 예수께서 그녀에게 말씀하시기를, 딸아, 너의 믿음이 너를 구원하였으니 평안히 가라 하셨다

49 예수께서 아직 말씀하고 계실 때에 그 회당장의 집에서 한 사람이 와서 말하기를, 당신의 딸이 이미 죽었으니 선생님을 더 괴롭히지 마십시오 하였다

50 그러나 예수께서 그 말을 들으시고 회당장에게 말씀하시기를, 두려워하지 말고 믿기만 하라 그리하면 네 딸이 구원을 얻으리라 하시고

51 그 집에 들어가실 때에 베드로와 요한과 야고보와 그 소녀의 아버지와 어머니 외에는 아무도 자신과 함께 들어가는 것을 허락하지 않으셨다

52 이때에 사람들이 모두 아이를 위하여 슬퍼하며 통곡하고 있었는
데 예수께서 말씀하시기를, 울지 말라 그 아이는 죽은 것이 아니
라 잔다 하시니
53 그 사람들은 그 아이가 죽은 것을 알고 있었으므로 예수를 비웃었다
54 그러나 예수께서 아이의 손을 붙잡고 큰 소리로 부르시기를, 아
이야, 일어나라 하시니
55 아이의 령이 돌아와 그 아이가 즉시 일어났고 예수께서는 아이에
게 먹을 것을 주도록 지시하셨다
56 그 아이의 부모가 크게 놀랐으나 예수께서는 일어난 일을 아무에
게도 말하지 말라고 그들에게 명하셨다

9장

열두 제자를 보내시다

1 예수께서 열두 제자를 불러 모으시고 그들에게 모든 귀신을 다스
리고 병을 고치는 능력과 권세를 주신 후에
2 하나님의 나라를 선포하고 병든 자들을 고쳐 주도록 그들을 보내시며
3 말씀하시기를, 너희는 려행*을 위하여 아무것도 챙기지 말라 지팡
이나 주머니나 떡이나 돈이나 심지어 두 벌 옷도 챙기지 말고
4 어느 집에 들어가든지 거기서 머물다가 거기서 떠나라
5 그러나 사람들이 너희를 영접하지 않으면 그 성에서 나올 때에 그
들에 대한 증거로 너희 발에서 티끌을 털어 버리라 하셨다
6 이에 제자들이 나가 마을들을 두루 다니며 모든 지역에서 복음을
전하고 병을 고쳐 주었다

---

* 여행

헤롯이 듣고 심히 당황하다

7 분봉 임금 헤롯이 일어난 모든 일을 듣고 매우 당황하니 어떤 사
람은 요한이 죽은 사람들 가운데서 일으킴을 받았다고 말하고
8 어떤 사람은 엘리야가 나타났다고 하며 또 어떤 사람은 옛 대언
자들 중 하나가 일어났다고 말하였기 때문이다
9 그리하여 헤롯이 말하기를, 내가 이미 요한을 목 베였는데* 이제
나에게 이러한 소문이 들리니 이 사람은 과연 누구냐 하며 예수
를 보기 원하였다

오천 명을 먹이시다

10 사도들이 돌아와 자기들이 행한 일을 예수께 다 말하였다 예수께서
그들을 따로 데리고 벳새다라는 마을로 조용히 물러가셨을 때에
11 무리들이 그것을 알고 그를 따라오자 예수께서 그들을 맞으시고
그들에게 하나님의 나라에 관하여 말씀하시며 병 고침을 받아야
할 자들을 고쳐 주셨다

* 베었는데

12 날이 저물기 시작하자 열두 제자가 예수께 다가와 말하기를, 무
리를 보내여 린근* 마을과 촌에 들어가 거기서 머물며 량식**을 구
하게 하십시오 우리는 지금 외딴 곳에 있습니다 하니
13 예수께서 제자들에게 말씀하시기를, 너희가 그들에게 먹을 것을
주어라 하셨다 이에 제자들이 말하기를, 우리에게 떡 다섯 개와
물고기 두 마리밖에 없으니 우리가 가서 량식을 사지 않고서는 할
수 없습니다 하였다
14 거기에 남자만 오천 명쯤 있었던 것이다 그러자 예수께서 제자들
에게 말씀하시기를, 너희는 사람들을 쉰 명씩 무리 지어 앉게 하
라 하시니
15 제자들이 그대로 행하여 모든 사람을 앉혔다
16 예수께서 떡 다섯 개와 물고기 두 마리를 가지고 하늘을 우러러
복을 비신 후에 떼여서 제자들에게 주어 무리 앞에 놓게 하시니
17 사람들이 모두 배불리 먹었고 그 남은 조각을 열두 광주리를 거
두었다

---

* 인근

** 양식

18 그 후에 예수께서 따로 기도하실 때에 제자들도 함께 있었는데 예
수께서 그들에게 물으시기를, 사람들이 나를 누구라고 말하느냐
하시니
19 제자들이 대답하기를, 세례 요한이라 말합니다 그러나 어떤 사람
은 엘리야 또 어떤 사람은 옛 대언자들 중 한 사람이 일어났다고
말합니다 하자
20 예수께서 제자들에게 물으시기를, 그러면 너희는 나를 누구라 말
하느냐 하시니 베드로가 대답하기를, 하나님의 그리스도이십니
다 하였다
21 예수께서 제자들에게 이것을 아무에게도 말하지 말라고 엄히 명
령하며
22 말씀하시기를, 인자가 많은 고난을 겪고 장로들과 제사장들과 률
법교사들에게 배척을 받아 죽임을 당하고 제삼 일에 일으킴을 받
으리라 하시고
23 또 그들 모두에게 말씀하시기를, 누구든지 나를 따라오려면 자기
를 부인하고 날마다 자기 십자가를 지고 나를 따라야 한다

24 누구든지 자기 목숨을 구원하고자 하면 잃을 것이나 누구든지 나
를 위하여 자기 목숨을 잃으면 구원하리라
25 사람이 온 세상을 얻고도 자기 목숨을 잃거나 빼앗기면 그에게 무
슨 리득*이 있겠느냐
26 누구든지 나와 내 말을 부끄럽게 여기면 인자가 자신의 영광 가운
데 그리고 아버지와 거룩한 천사들의 영광 가운데 올 때에 그 사
람을 부끄럽게 여기리라
27 그러나 참으로 내가 너희에게 말하노니 여기 서 있는 사람들 중에
하나님의 나라를 보기 전에는 죽음을 맛보지 않을 자도 있다 하셨다

영광스러운 모습으로 변화되시다

28 이 말씀을 하신 지 여드레쯤 되여 예수께서 베드로와 요한과 야
고보를 데리고 기도하러 산에 올라가셨다
29 그가 기도하실 때에 그의 모습이 달라지고 그의 옷이 희여져** 광
채가 났는데
30 문득 두 사람이 예수와 이야기를 나누고 있었으니 이들은 모세와
엘리야였다

---

* 이득

** 희어져

31 그들이 영광 중에 나타나 예수께서 예루살렘에서 이루시려는 일,
곧 그의 떠나심에 관하여 이야기하고 있을 때에
32 베드로와 그의 동료들이 잠에 눌려 있다가 깨어나 예수의 영광과
그와 함께 서 있는 두 사람을 보았다
33 두 사람이 예수로부터 떠나가고 있을 때에 베드로가 예수께 말하
기를, 선생님, 우리가 여기 있는 것이 좋으니 초막 셋을 짓되 하
나는 당신을 위하여 하나는 모세를 위하여 또 하나는 엘리야를 위
하여 지읍시다 하였으나 베드로는 자기가 무슨 말을 하고 있는지
도 몰랐다
34 베드로가 이렇게 말하고 있을 때에 구름이 와서 그들을 덮으니 그
들은 구름 속으로 들어갈 때에 두려워하였다
35 그때에 구름 속에서 한 음성이 나서 이르시기를, 이 사람은 내가
택한 나의 아들이니 너희는 그의 말을 들으라 하셨고
36 그 음성이 난 후에는 예수밖에 보이지 않았다 제자들은 입을 다물
고 자기들이 본 것을 그 당시에 아무에게도 이야기하지 않았다

귀신 들린 아이를 낫게 하시다

37 다음날 그들이 산에서 내려올 때에 큰 무리가 예수를 맞이하였다
38 바로 그때에 무리 중에서 한 사람이 부르짖으며 말하기를, 선생
님, 간청하오니 내 아들을 봐주십시오 그는 나의 외아들입니다
39 보십시오 귀신이 그 아이를 사로잡으면 아이가 갑자기 비명을 지
릅니다 또 귀신이 아이 몸에 경련이 일어나게 하고 입에 거품을
물게 하며 아이를 극심하게 상하게 하고서야 겨우 떠나갑니다
40 그래서 내가 당신의 제자들에게 귀신을 쫓아 달라고 간청하였으
나 그들이 행하지 못했습니다 하였다

41 그러자 예수께서 답변하시기를, 믿음이 없고 뒤틀린 세대여, 언
제까지 내가 너희와 함께 있으면서 너희에게 참아야 하겠느냐 네
아들을 이리로 데려오라 하셨다
42 그 아이가 오고 있을 때에 귀신이 그를 거꾸러뜨리고 심한 경련
이 일어나게 하였으나 예수께서 그 더러운 귀신을 꾸짖으시고 그
아이를 고쳐 주신 후에 그 아버지에게 돌려주시니
43 모든 사람이 하나님의 큰 능력에 놀랐다

인자가 사람들의 손에 넘겨지리라

사람들이 예수께서 행하신 모든 일로 놀라고 있을 때에 예수께서
제자들에게 말씀하시기를,
44 너희는 이 말을 귀담아 들으라 인자가 사람들의 손에 넘겨질 것
이다 하셨다
45 그러나 제자들은 이 말씀을 리해하지 못하였다 그 뜻이 그들에게
감추어져 있어 그들이 깨달을 수 없었던 것이다 또 그들은 이 말
씀에 대하여 예수께 묻는 것도 두려워하였다

누가 가장 큰 사람인가

46 제자들 사이에서 누가 가장 큰 사람인지를 놓고 론쟁*이 일어나자
47 예수께서 그들 마음의 생각을 아시고 한 어린아이를 데려다가 그
의 곁에 세우시며
48 그들에게 말씀하시기를, 누구든지 내 이름으로 이런 어린아이를
영접하면 나를 영접하는 것이요 누구든지 나를 영접하면 나를 보
내신 이를 영접하는 것이다 너희 모든 사람 중에 가장 작은 자가
가장 큰 자다 하셨다

우리 편

49 이때에 요한이 답변하기를, 선생님, 어떤 사람이 당신의 이름으로
귀신을 쫓아내는 것을 우리가 보았으나 그가 우리와 함께 따르지
않으므로 그를 막았습니다 하니
50 예수께서 요한에게 말씀하시기를, 그를 막지 말라 우리를 대적하
지 않는 자는 우리 편이다 하셨다

* 논쟁

사마리아의 마을에서 예수를 받아들이지 않다

51 예수께서는 자신이 올려지실 날이 다가오자 예루살렘을 향하여
가기로 굳게 결심하시고
52 전령들을 앞서 보내셨고 그들은 가서 예수를 위하여 준비하려고
사마리아인의 한 마을로 들어갔다
53 그러나 예수께서 예루살렘을 향하여 가기로 굳게 결심하셨으므로
거기에 있는 사람들이 그를 받아들이지 않으니
54 제자 야고보와 요한이 그것을 보고 묻기를, 주여, 하늘에서 불이
내려오도록 우리가 명령하여 저 사람들을 멸하기 원하십니까 하자
55 예수께서 돌아서서 그들을 꾸짖으셨다
56 그리하여 그들이 다른 마을로 갔다

57 그들이 길을 가고 있을 때에 어떤 사람이 예수께 말하기를, 주여,
당신이 어디로 가시든지 나는 당신을 따르겠습니다 하자

58 예수께서 그에게 말씀하시기를, 여우도 굴이 있고 공중의 새들도
둥지가 있으나 인자는 머리 둘 곳이 없다 하셨다

59 그리고 예수께서 다른 사람에게 말씀하시기를, 나를 따르라 하시
니 그가 말하기를, 주여, 나로 먼저 가서 내 아버지를 장사하게
해주십시오 하자

60 예수께서 그에게 말씀하시기를, 죽은 자들로 자기의 죽은 자들을
장사하게 하고 너는 가서 하나님의 나라를 선포하라 하셨다

61 이때에 또 다른 사람이 말하기를, 주여, 내가 당신을 따르겠습니
다 그러나 나로 먼저 가서 나의 집안사람들에게 작별 인사를 하
게 해주십시오 하자

62 예수께서 그에게 말씀하시기를, 손에 쟁기를 잡고 뒤돌아보는 자
는 하나님의 나라에 합당하지 않다 하셨다

10장

일흔두 명을 세워서 보내시다

1 이 일 후에 주께서 다른 일흔두 명을 따로 세우시고 친히 가시고
자 하는 모든 마을과 장소에 두 명씩 짝지여* 먼저 보내시며
2 그들에게 이같이 말씀하셨다 추수할 것은 참으로 많으나 일군은
적으니 그러므로 너희는 추수의 주인에게 청하여 그의 추수할 일
군들을 보내 달라고 하라
3 너희는 가라 보라, 내가 너희를 보냄이 어린 양을 이리들 가운데
보내는 것 같다
4 너희는 돈자루나 주머니나 신발을 가지지 말고 길에서 아무에게
도 인사하지 말며
5 어느 집에 들어가든지 먼저 말하기를, 이 집에 평화가 있으라 하라

* 짝지어

6 만일 평화의 아들이 거기에 있으면 너희의 평화가 거기에 머물 것
이나 그렇지 않으면 그것이 너희에게 돌아오리라
7 너희는 한 집에 머물며 그들이 주는 것을 먹고 마시라 일군이 그 삯
을 받는 것이 마땅함이라 너희는 이 집에서 저 집으로 옮기지 말라
8 너희가 어느 마을에 들어가든지 그곳 사람들이 너희를 영접하면
너희는 그들이 너희 앞에 차려 놓은 것을 먹고
9 거기에서 병자들을 고쳐 주며 그들에게 말하기를, 하나님의 나라
가 너희에게 가까이 이르렀다 하라
10 그러나 너희가 어떤 마을에 들어가든지 그들이 너희를 영접하지
않으면 너희는 그 거리로 나와 말하기를,
11 너희 마을에서 우리 발에 묻은 티끌까지 우리가 너희에게 털어 버
린다 그러나 너희는 하나님의 나라가 너희에게 가까이 이른 줄 알
라 하라
12 내가 너희에게 말하노니 그날에 소돔이 그 마을보다 더 견디기 쉬
우리라
13 고라신아, 너에게 화 있으라 벳새다야, 너에게 화 있으라 너희 가
운데서 행하여진 모든 권능이 두로와 시돈에서 행하여졌다면 그
들이 오래전에 베옷을 입고 재에 앉아 회개하였을 것이니

14 심판 때에 두로와 시돈이 너희보다 더 견디기 쉬우리라
15 너 가버나움아, 네가 하늘까지 높여지겠느냐 네가 지옥까지 떨어
지리라
16 너희 말을 듣는 자는 내 말을 듣는 것이요 너희를 배척하는 자는
나를 배척하는 것이요 나를 배척하는 자는 나를 보내신 이를 배
척하는 것이다

일흔두 명이 돌아오다

17 이윽고 그 일흔두 명이 기뻐하며 돌아와서 말하기를, 주여, 당신
의 이름에 귀신들도 우리에게 굴복하였습니다 하니
18 예수께서 제자들에게 말씀하시기를, 사탄이 하늘에서 번개같이
떨어지는 것을 내가 보았다
19 보라, 내가 너희에게 뱀과 전갈을 밟으며 대적의 모든 능력을 다
스릴 권세를 주었으니 어느 누구도 너희를 해치지 못하리라
20 그러나 너희는 귀신들이 너희에게 굴복한 것으로 기뻐하지 말고
너희 이름이 하늘에 기록된 것으로 기뻐하라 하셨다

예수의 감사 기도

21 바로 그때에 예수께서 성령 안에서 기뻐하며 말씀하시기를, 하늘
과 땅의 주재이신 아버지여, 당신께서 이 일들을 지혜롭고 총명
한 자들에게는 숨기시고 젖먹이들에게 드러내신 것을 감사합니다
그렇습니다 아버지, 이렇게 된 것이 당신의 뜻입니다
22 내 아버지에 의하여 만유가 내게 위임되였으니 아버지 외에는 그
아들이 누구인지 알지 못하고 아들과 또 아들이 계시해 주기 원
하는 사람 외에는 그 아버지가 누구인지 알지 못합니다 하셨다
23 그러고는 예수께서 제자들에게 돌아서서 은밀히 말씀하시기를,
너희가 보는 것들을 보는 사람은 복 받았다
24 내가 너희에게 말하노니 많은 대언자와 임금들이 너희가 보는 것
을 보기 원하였으나 볼 수 없었고 너희가 듣는 것을 듣기 원하였
으나 들을 수 없었다 하셨다

자비를 베푼 사마리아 사람

25 바로 그때에 어떤 률법교사가 일어나 예수를 시험하여 묻기를, 선
생님, 내가 영원한 생명을 누리려면 무엇을 행해야 합니까 하니
26 예수께서 그에게 말씀하시기를, 률법에 무엇이라고 기록되여 있
느냐 너는 그것을 어떻게 읽느냐 하셨다
27 그가 대답하기를, 네 마음을 다하고 네 목숨을 다하고 네 힘을 다
하고 네 지성을 다하여 주 너의 하나님을 사랑하고 또 네 이웃을
너 자신같이 사랑하라는 것입니다 하니
28 예수께서 그에게 말씀하시기를, 네가 올바로 대답하였다 이것을
행하라 그리하면 네가 살 것이다 하셨다
29 그러나 그 사람이 자기를 옳게 보이려고 예수께 묻기를, 그러면
누가 나의 이웃입니까 하니
30 예수께서 대답하시기를, 어떤 사람이 예루살렘에서 여리고로 내
려가다가 강도들을 만나니 그들이 그의 옷을 벗기고 그를 때려 거
의 죽게 만들어 놓고 갔다
31 마침 한 제사장이 그 길로 내려가다가 그 사람을 보았으나 다른
길로 피하여 지나갔고
32 마찬가지로 한 레위인도 그곳으로 왔다가 그를 보았으나 다른 길
로 피하여 지나갔다

33 그러나 한 사마리아 사람이 려행길에 그곳에 이르러 그를 보고 불
쌍히 여겨
34 그에게 다가가 기름과 포도주를 그의 상처에 붓고 싸맨 후에 그
를 자기 짐승에 태워 려관으로 데리고 가서 돌보아 주었다
35 다음날 그가 두 데나리온을 꺼내 려관 주인에게 주며 말하기를,
그를 돌보아 주시오 비용이 더 들면 내가 돌아오는 길에 당신에
게 갚아 주겠소 하였다
36 이 세 사람 중에 너는 누가 강도들을 만난 사람의 이웃이라고 생
각하느냐 하셨다
37 그 률법교사가 말하기를, 자비를 베푼 사람입니다 하자 예수께서
그에게 말씀하시기를, 가서 너도 그렇게 행하라 하셨다

38 그들이 길을 가다가 예수께서 어떤 마을에 들어가시니 마르다라
는 이름을 가진 한 녀인이 예수를 자기 집으로 영접하였다

39 그녀에게 마리아라는 동생이 있었는데 그 동생이 주의 발치에 앉
아 그의 말씀을 듣고 있었다

40 그러나 마르다는 준비할 일이 너무 많아 마음이 분주해지매 예수
께 다가와 말하기를, 주여, 내 동생이 나 혼자 일하도록 내버려
두는 것을 개의치 않으십니까 내 동생에게 나를 도우라고 말씀해
주십시오 하니

41 예수께서 마르다에게 답변하시기를, 마르다야 마르다야, 네가 많
은 일로 념려하며 근심하는구나

42 그러나 한 가지만으로 족하다 마리아는 더 좋은 것을 택하였으니
그녀에게서 그것을 빼앗지 못하리라 하셨다

교회의 역사는
핍박의 역사다.

교회의 역사는 핍박의 역사다. 지하교회는 핍박이 존재한다는 사실을 가장 잘 보여주는 곳이다. 성경적인 관점에서 핍박은 자연스럽게 지하교회를 발전시켰고, 비밀리에 드리는 예배를 통해 신실한 성도들은 온전히 하나님을 예배할 수 있었다. 교회는 온갖 핍박에 맞서며 2천 년이 넘도록 교회의 기능을 유지해 왔다.

북한 교회도 지하교회의 형태로 핍박을 견디고 있다. 만약 초대교회 시대부터 지하교회가 존재해 왔고 2천 년 동안 계속 존재해 왔다면, 한국 교회 성도들이 이전의 다른 시대, 다른 나라에 지하교회가 있었던 것처럼 북한에도 현존한다는 것을 믿지 않는 이유는 무엇일까?

북한의 지하교회 성도들은 핍박에 강력하게 저항하며 생존해 왔다. 따라서 우리가 해야 할 질문은 "북한에 지하교회의 성도들이 생존하고 있는가?"가 아니라, "그들은 어떤 모습으로 생존하고 있는가?"가 되어야 할 것이다.

_『북한 지하교회 순교사』

11장

기도를 가르치시다

1 예수께서 어떤 곳에서 기도하기를 마치셨을 때에 그의 제자들 중
하나가 예수께 말하기를, 주여, 요한이 자기 제자들에게 기도를
가르친 것같이 우리에게도 가르쳐 주십시오 하니
2 예수께서 그들에게 이르시되 너희는 기도할 때에 말하기를, 아버
지여, 당신의 이름이 거룩히 여김을 받으시고 당신의 나라가 림
하소서
3 우리에게 날마다 하루의 량식을 주시고
4 우리가 우리에게 죄 지은 모든 사람을 용서하오니 우리 죄도 용
서하시고 우리로 시험에 들지 않게 하소서 하라 하셨다
5 이어서 예수께서 제자들에게 이같이 말씀하셨다 너희 중에 어떤
사람이 한 친구를 두었는데 그 친구가 한밤중에 찾아와 말하기를,
벗이여, 떡 세 덩이를 나에게 꾸어 주게

6 나의 벗 하나가 려행길에 내게 왔는데 내가 그에게 먹일 것이 하
나도 없네 하면
7 그가 안에서 답변하기를, 나를 괴롭히지 말게 이미 문이 닫혔고
나의 아이들이 나와 함께 잠자리에 들었으니 내가 일어나 그대에
게 줄 수가 없다네 하리라
8 그러나 내가 너희에게 말하노니 그가 자기 친구라는 리유*로는 일
어나서 그에게 주지 않을지라도 그의 끈질김을 인하여 일어나 그
친구가 원하는 대로 주리라
9 그러므로 내가 너희에게 말하노니 구하라 그리하면 너희에게 주
어질 것이요 찾으라 그리하면 너희가 찾아낼 것이요 두드리라 그
리하면 너희에게 열릴 것이니
10 구하는 자마다 받고 찾는 자마다 찾아내고 두드리는 자에게 열리리라
11 너희 중에 어떤 아버지가 아들이 생선을 요구하는데 생선 대신 뱀
을 주겠느냐
12 또 아들이 알을 요구하는데 아버지가 그에게 전갈을 주겠느냐
13 너희가 악할지라도 너희 자녀에게 좋은 것을 줄 줄 아는데 하물
며 하늘에 계신 너희 아버지께서 구하는 자들에게 성령을 주시지
않겠느냐

---

* 이유

14 예수께서 말 못하게 하는 귀신을 쫓아내시니 그 귀신이 나가자 말
못하던 자가 말하게 되었다 이에 무리가 놀랐으나
15 그들 중에 어떤 사람들은 말하기를, 그가 귀신들의 임금 바알세
불을 힘입어 귀신들을 쫓아낸다 하였다
16 또 어떤 사람들이 예수를 시험하려고 하늘로부터 오는 표징을 그
에게 구하니
17 예수께서 그들의 생각을 아시고 그들에게 이같이 말씀하셨다 서로
분쟁하는 나라마다 황폐*하여지고 서로 분쟁하는 집마다 무너진다
18 너희는 내가 바알세불을 힘입어 귀신들을 쫓아낸다고 말하는데
만일 사탄이 스스로 분쟁하면 어떻게 그의 나라가 서겠느냐
19 만일 내가 바알세불을 힘입어 귀신들을 쫓아낸다면 너희 자녀들
은 누구를 힘입어 그것들을 쫓아내겠느냐 그러므로 그들이 너희
의 판단자가 되리라

---

* 황폐

20 그러나 내가 하나님의 손가락으로 귀신들을 쫓아냈다면 하나님의
나라가 이미 너희에게 림한 것이다
21 강한 자가 완전히 무장하고 자기 집을 지키면 그 소유가 안전하다
22 그러나 그보다 더 강한 자가 침입하여 그를 제압할 때에는 그가 신
뢰하던 무장을 해제시키고 그의 로략물*들을 나눈다
23 나와 함께하지 않는 자는 나를 대적하는 자요 나와 함께 모으지
않는 자는 흩어 버리는 자이다
24 한 더러운 귀신이 사람에게서 나가 메마른 곳을 두루 다니며 쉴
곳을 찾았으나 발견하지 못하고 말하기를, 내가 나왔던 그 집으
로 돌아가리라 하였다
25 그런데 그가 가서 보니 그 집이 말끔히 치워지고 정리되여 있었다
26 이에 그가 가서 자기보다 더 악한 일곱 귀신을 데리고 그 집에 들
어가 거하니 그 사람의 나중 형편이 처음보다 더 나빠졌다

---

* 노략물

복 받은 자

27 예수께서 이 말씀을 하실 때에 무리 중에 한 녀인이 목소리를 높
여 예수께 말하기를, 당신을 배었던 태와 당신에게 젖을 먹인 가
슴은 복 받았습니다 하자
28 예수께서 말씀하시기를, 오히려 하나님의 말씀을 듣고 지키는 자
가 복 받은 것이다 하셨다

악한 세대가 표징을 구하나

29 무리가 더 모여들었을 때에 예수께서 이같이 말씀하셨다 이 세대
는 악한 세대라 이 세대가 표징을 구하나 요나의 표징 외에는 어
떤 표징도 주어지지 않으리라
30 요나가 니느웨 사람들에게 표징이 되였던 것같이 인자도 이 세대
에게 그러하리라

31 심판 때에 남방의 녀왕*이 이 세대 사람들과 함께 일어나 그들을
정죄할 것이니 이는 그녀가 솔로몬의 지혜를 들으려고 땅끝에서
왔음이라 그러나 보라, 솔로몬보다 큰 이가 여기에 있다
32 또 심판 때에 니느웨 사람들이 이 세대와 함께 일어나 이 세대를
정죄할 것이니 이는 그들이 요나의 선포를 듣고 회개하였음이라
그러나 보라, 요나보다 큰 이가 여기에 있다

눈은 몸의 등불

33 누구든지 등불을 켜서 움 속이나 말 아래에 두지 않고 등받침 우
에 두니 이는 들어오는 자들로 그 빛을 보게 하려 함이다
34 네 눈은 네 몸의 등불이니 네 눈이 좋으면 네 온몸이 빛으로 가득
할 것이나 네 눈이 나쁘면 네 몸이 어두움으로 가득하리라
35 그러므로 네 안의 빛이 어두워지지 않도록 주의하라
36 네 온몸이 빛으로 가득하여 어두운 부분이 없으면 등불이 너를 환
하게 비출 때처럼 네 온몸이 빛으로 가득하리라

---

* 여왕

37 예수께서 말씀하고 계실 때에 한 바리새인이 예수께 자기 집에서
점심을 드시자고 청하므로 예수께서 들어가 상에 앉으셨다
38 그러나 그 바리새인은 예수께서 드시기 전에 손을 씻지 않는 것
을 보고 이상하게 여기니
39 주께서 그에게 말씀하시기를, 너희 바리새인들은 잔과 접시의 겉
은 깨끗이 닦으나 너희 속은 탐욕과 악의로 가득하다
40 어리석은 자들아, 겉을 만드신 이가 속도 만들지 않으셨느냐
41 차라리 너희는 속에 있는 것들로 자선을 베풀라 그리하면 너희에
게 모든 것이 깨끗하리라
42 화 있으라 너희 바리새인들이여, 너희는 박하와 운향과 온갖 채
소의 십일조는 드리면서 하나님의 공의와 사랑은 버리는구나 그
러나 너희는 이것도 행하고 저것도 버리지 말아야 한다
43 화 있으라 너희 바리새인들이여, 너희는 회당의 높은 자리를 좋
아하고 시장에서 사람들에게 인사받기를 좋아한다
44 화 있으라 너희여, 너희는 보이지 않는 무덤 같아서 사람들이 무
덤인지 모르고 그 우로 걷는다 하셨다

45 그러자 률법교사 중 한 사람이 예수께 답변하기를, 선생님, 당신
은 이렇게 말씀하심으로써 우리까지 모욕하셨습니다 하니
46 예수께서 말씀하시기를, 너희 률법교사들에게도 화로다 너희가
사람들에게 지기 어려운 짐을 지우고 너희 자신은 그 짐에 손가
락 하나도 대지 않는다
47 화로다 너희여, 너희는 너희 조상들이 죽인 그 대언자들의 무덤
을 쌓고 있다
48 이와 같이 그들은 죽였고 너희는 무덤을 쌓으니 이로써 너희가 너
희 조상들의 행동에 동조하고 있음을 증거한다
49 그러므로 하나님의 지혜도 말하기를, 내가 그들에게 대언자들과 사
도들을 보낼 것이니 그들이 그중 일부를 죽이고 박해하리라 하였다
50 세계 창조 이후로 모든 대언자들이 흘린 피가 이 세대에게 돌아
갈 것이니
51 아벨의 피로부터 제단과 성전 사이에서 죽어 간 사가랴의 피까지
그러하리라 그렇다 내가 너희에게 말하노니 그 피값*이 이 세대
에게 돌아가리라

---

* 핏값

52 화로다 너희 률법교사들이여, 너희가 지식의 열쇠를 빼앗아 가고는
너희 자신도 들어가지 않고 들어가는 사람들도 가로막았다 하셨다
53 예수께서 거기서 나오셨을 때에 률법교사들과 바리새인들이 독한
앙심을 품고 예수께 많은 것을 따지며 묻기 시작하였고
54 그가 말씀하시는 것을 책잡으려고 노렸다

12장

바리새인들의 위선을 경계하라

1 그동안에 수천 명의 무리가 모여들어 서로 밟힐 지경이 되었는데
예수께서 먼저 제자들에게 이같이 말씀하기 시작하셨다 너희는
바리새인들의 누룩, 곧 위선을 경계하라
2 감추어진 것으로서 드러나지 않을 것이 없고 숨겨진 것으로서 알
려지지 않을 것이 없다
3 그러므로 너희가 어둠 속에서 말한 모든 것이 밝은 데서 들리고
너희가 골방에서 속삭인 말이 지붕 위에서 전파되리라
4 내가 내 친구인 너희에게 말하노니 몸을 죽이고 그 후에는 아무
것도 더 할 수 없는 자들을 두려워하지 말라
5 너희가 정말 두려워해야 할 자를 내가 알려 주노니 너희가 죽은
후에 너희를 게헨나에 던져 넣는 권세를 지니신 이를 두려워하라
그렇다 내가 너희에게 말하노니 그분을 두려워하라

6 참새 다섯 마리가 두 앗사리온에 팔리지 않느냐 그러나 그것들 중
한 마리도 하나님 앞에서 잊혀지지 않는다
7 너희는 머리카락까지 모두 세신 바 되었으니 두려워하지 말라 너
희는 많은 참새보다 더 귀하다
8 또한 내가 너희에게 말하노니 누구든지 사람들 앞에서 나를 시인
하면 인자도 하나님의 천사들 앞에서 그를 시인할 것이나
9 사람들 앞에서 나를 부인하는 자는 하나님의 천사들 앞에서 부인
을 당하리라
10 누구든지 인자를 대적하여 말하면 용서받을 수 있으나 성령을 모
독하는 자는 용서받지 못하리라
11 사람들이 너희를 회당이나 통치자나 권세자에게 끌고 갈 때에 너
희는 어떻게 항변할까 또는 무엇을 말할까 념려하지 말라
12 너희가 말해야 할 것을 성령께서 바로 그 시각에 너희에게 가르
쳐 주시리라

한 부자 비유

13 이때에 무리 중에서 한 사람이 예수께 말하기를, 선생님, 나의 형
제에게 나와 물림가산을 나누라고 말씀해 주십시오 하니

14 예수께서 그에게 말씀하시기를, 이 사람아, 누가 나를 너희 재판
관이나 중재인으로 세웠느냐 하시고
15 사람들에게 말씀하시기를, 너희는 온갖 탐심을 삼가고 경계하라
사람의 생명이 그 소유의 넉넉한 데 있지 않다 하셨다
16 이어서 예수께서 그들에게 한 비유를 이같이 말씀하셨다 어떤 부
자가 자기 밭에 소출이 풍성하매
17 속으로 생각하기를, 내가 곡식을 더 쌓아 둘 곳이 없으니 어찌하
면 좋을까 하다가
18 말하기를, 내가 이렇게 하리라 나의 창고들을 헐고 더 큰 창고들
을 지어 나의 모든 곡식과 물건을 거기에 쌓아 두리라
19 그리고 내 령혼에게 말하기를, 령혼아, 여러 해 쓸 풍부한 재물을
쌓아 두었으니 안심하고 먹고 마시며 즐기라 하리라 하였다
20 그러나 하나님이 그에게 말씀하시기를, 어리석은 자여, 내가 오
늘밤에 너의 령혼을 거두어 갈 것이니 그러면 네가 준비한 것들
이 누구의 것이 되겠느냐 하셨으니
21 자기를 위하여 재물을 쌓아 놓으면서 하나님께 대하여 린색*한 자
는 이와 같다

---

* 인색

22 또 예수께서 제자들에게 이같이 말씀하셨다 그러므로 내가 너희
에게 말하노니 너희는 목숨을 위하여 무엇을 먹을까 몸을 위하여
무엇을 입을까 념려하지 말라

23 목숨이 음식보다 소중하고 몸이 의복보다 소중하기 때문이다

24 까마귀를 살펴보라 그것들은 씨를 뿌리거나 거두지 않고 창고나
곳간도 없으나 하나님이 친히 그것들을 먹이시는데 하물며 너희
는 그 새들보다 얼마나 더 귀하냐

25 너희 중에 누가 념려함으로 자기 수명을 한 시간 더 늘릴 수 있느냐

26 너희가 그와 같이 작은 일도 행할 수 없으면서 어찌하여 나머지
일들을 념려하느냐

27 너희는 저 크리논 꽃들이 어떻게 자라는지 살펴보라 그것들은 수
고도 하지 않고 길쌈도 하지 않으나 내가 너희에게 말하노니 온갖
영화를 누린 솔로몬도 이 꽃들 중의 하나만큼 아름답게 차려입지
못하였다

28 오늘 있다가 래일* 아궁이에 던져지는 들풀도 하나님이 이렇게 입
히시는데 하물며 너희는 얼마나 더 잘 입히시겠느냐 믿음이 적은
자들아

* 내일

29 너희는 무엇을 먹을까 무엇을 마실까 하며 찾아 헤매지 말고 걱정하지도 말라

30 이 모든 것은 세상 백성이 찾아 헤매는 것이요 너희 아버지께서는 이 모든 것이 너희에게 있어야 함을 아신다

31 오직 너희는 그의 나라를 구하라 그리하면 이 모든 것이 너희에게 곁들여 주어지리라

32 어린 무리여, 두려워하지 말라 너희 아버지의 큰 기쁨은 그 나라를 너희에게 주시는 것이다

33 너희는 너희 소유를 팔아 자선을 베풀라 너희 자신을 위하여 닳지 않는 주머니를 만들어 결코 없어지지 않는 보물을 하늘에 두라 거기에는 도둑이 다가가지 못하고 좀이 먹는 일도 없다

34 너희 보물이 있는 곳에 너희 마음도 있으리라

깨여 준비하고 있으라

35 너희는 허리를 동이고 등불을 켜고 서 있으라

36 너희는 마치 그 주인이 혼인집에서 돌아와 문을 두드릴 때에 즉시 열어 주려고 기다리는 사람들과 같이 되라

37 그 주인이 왔을 때에 그 종들이 깨어 있는 것을 보면 그들은 복 받
았다 아멘, 내가 너희에게 말하노니 그 주인이 허리를 동이고 종
들을 앉히고서 먹게 하고 나아와 그들의 시중을 들 것이다
38 그 주인이 밤 이경이나 삼경에 오더라도 종들이 그렇게 깨어 있
는 것을 보면 그 종들은 복 받았다
39 그러나 너희가 알 것은 이것이니 집 주인이 어느 시각에 도둑이 오
는지를 알았다면 자기 집이 침입당하도록 내버려 두지 않았으리라
40 그러므로 너희도 준비하고 있으라 예상하지 못한 시각에 인자가
올 것임이라
41 베드로가 예수께 묻기를, 주여, 이 비유를 우리에게만 말씀하시
는 것입니까 아니면 모든 사람에게 하시는 것입니까 하니
42 주께서 이같이 대답하셨다 주인이 자기 집안을 맡기고 자기 종들
에게 때를 따라 량식을 나누어 주게 할 신실하고 지혜로운 청지
기가 누구냐
43 그의 주인이 돌아왔을 때에 그 종이 이렇게 행하는 것을 보면 그
종은 복 받았다
44 참으로 내가 너희에게 말하노니 그 주인이 그에게 자기의 모든 소
유를 맡기리라

45 그러나 그 종이 마음속으로 생각하기를, 나의 주인이 늦게 올 것
이다 하면서 남녀 종들을 때리며 먹고 마시고 취하기 시작하면
46 그 종이 예상하지 않은 날 알지 못하는 시각에 그 주인이 와서 그
를 엄히 벌하고 신실하지 못한 자들과 함께 두리라
47 자기 주인의 뜻을 알고도 준비하지 않거나 그의 뜻대로 행하지 않
은 종은 많이 맞을 것이나
48 알지 못하고 매 맞을 일을 저지른 종은 적게 맞으리라 많이 맡겨진
자에게는 많이 요구되고 많이 위임된 자에게는 더 많이 청구되리라

불을 던지러, 분쟁을 일으키러 왔다

49 내가 이 땅에 불을 던지려고 왔는데 그 불이 이미 붙었으면 내가
무엇을 더 바라겠느냐
50 그러나 내게는 받을 세례가 있으니 이 일이 이루어질 때까지 내
가 얼마나 괴롭겠느냐
51 너희는 내가 이 땅에 평화를 주러 왔다고 생각하느냐 내가 너희
에게 말하노니 전혀 그렇지 않다 오히려 분쟁을 주러 왔다

52 이제부터는 한 집안에서 다섯 사람이 분쟁하되 셋이 둘과 둘이 셋
과 분쟁할 것이며
53 아버지가 아들과 아들이 아버지와 어머니가 딸과 딸이 어머니와
시어머니가 며느리와 그리고 며느리가 시어머니와 분쟁하리라

시대를 분별하고, 화해하도록 힘쓰라

54 예수께서 또 무리에게 이같이 말씀하셨다 너희는 구름이 서쪽에
서 떠오르는 것을 볼 때에 즉시 말하기를, 비가 오겠다 하면 과연
그렇게 되고
55 남풍이 부는 것을 보고 말하기를, 매우 더워지겠다 하면 과연 그
렇게 된다
56 위선자들아, 너희가 땅과 하늘의 징후는 분별할 줄 알면서 어찌
하여 이 시대는 분별하지 못하느냐
57 어찌하여 너희는 옳은 것을 스스로 판단하지 않느냐
58 너를 고소하는 사람과 함께 재판관에게 갈 때에 너는 길에서 그
와 화해하도록 힘쓰라 그리하지 않으면 그가 너를 재판관에게 끌
고 가고 재판관은 너를 계호원에게 넘기고 계호원은 너를 감옥에
넣으리라
59 내가 너에게 말하노니 네가 마지막 한 푼까지 다 갚기 전에는 결
코 거기서 나오지 못하리라

13장

회개하지 않으면 멸망하리라

1 바로 그때에 몇 사람이 와서 빌라도가 어떤 갈릴리 사람들의 피를 그들의 제물에 섞은 일에 대하여 예수께 이야기하니

2 예수께서 그들에게 답변하시기를, 너희는 이 갈릴리 사람들이 다른 모든 갈릴리 사람들보다 더 죄를 지어 이 일을 당하였다고 생각하느냐

3 아니다 내가 너희에게 말하노니 너희도 회개하지 않으면 다 그들같이 멸망하리라

4 실로암의 망대가 무너져 열여덟 명이 거기에 깔려 죽었을 때에 너희는 그들이 예루살렘에 사는 다른 모든 사람보다 더 죄가 많았다고 생각하느냐

5 아니다 내가 너희에게 말하노니 너희도 회개하지 않으면 다 그들같이 멸망하리라 하셨다

열매 맺지 못하는 무화과나무 비유

6 또 예수께서 이 같은 비유를 말씀하셨다 어떤 사람이 자기 포도원
에 무화과나무 한 그루를 심은 후에 와서 그 나무에서 열매를 찾
았으나 발견하지 못하였다
7 이에 그가 포도원 관리인에게 말하기를, 보라, 내가 세 해 동안 와
서 이 무화과나무에서 열매를 찾았으나 발견하지 못하였으니 너
는 그 나무를 찍어 버리라 어찌 땅을 허비하겠느냐 하니
8 그가 대답하기를, 주인님, 올해만 그대로 두십시오 내가 그 나무
둘레를 파고 거름을 주겠으니
9 그것이 열매를 맺으면 좋을 것이고 그렇지 않으면 당신이 그 나
무를 찍어 버리십시오 하였다

안식일에 꼬부라진 녀인을 고치시다

10 예수께서 안식일에 한 회당에서 가르치고 계실 때에
11 바로 거기에 열여덟 해 동안 쇠약의 령에 사로잡혀 허리가 꼬부
라져서 전혀 몸을 펴지 못하는 한 녀인이 있었다

12 예수께서 그 녀인을 보고 곁으로 부르신 후에 말씀하시기를, 녀
인아, 네가 네 병에서 놓였다 하시고
13 그녀에게 손을 얹으시니 즉시 그녀의 몸이 똑바로 펴졌고 그녀가
하나님을 찬양하였다
14 그러나 회당장은 예수께서 안식일에 병 고치신 것에 대하여 분개
하며 무리에게 말하기를, 사람이 일해야 하는 날이 엿새나 있으
니 너희는 그때에 와서 고침을 받고 안식일에는 삼가라 하매
15 주께서 그에게 답변하시기를, 위선자들아, 너희 각 사람은 안식
일에 자기 소나 나귀를 우리에서 풀어내여 물 마시게 하려고 끌
고 나가지 않느냐
16 그러니 사탄에게 열여덟 해 동안 묶여 있었던 아브라함의 딸인 이
녀인이 안식일에 이 묶임에서 풀려나는 것이 마땅하지 않느냐 하
셨다
17 예수께서 이 말씀을 하시자 그를 반대하던 사람들은 수치를 당하
였으나 온 무리는 예수께서 행하시는 모든 영광스러운 일을 기뻐
하였다

겨자씨와 누룩 비유

18 그러므로 예수께서 말씀하시기를, 하나님의 나라는 무엇과 같은
가 내가 그것을 무엇에 비겨야 할까

19 그것은 사람이 자기 정원에 갖다 심은 겨자씨 한 알 같으니 그것
이 자라면 큰 나무가 되여 공중의 새들이 그 가지에 둥지를 튼다
하셨다

20 예수께서 또 말씀하시기를, 내가 하나님의 나라를 무엇에 비겨야 할까

21 그것은 한 녀인이 밀가루 서 말 속에 갖다 넣어 그 전부를 부풀게
한 누룩과 같다 하셨다

좁은 문으로 들어가려고 힘쓰라

22 예수께서 여러 도시와 마을을 지나며 가르치시고 예루살렘을 향
하여 나아가실 때에

23 어떤 사람이 예수께 묻기를, 주여, 구원을 받는 사람이 그렇게 적
습니까 하니 예수께서 그들에게 이같이 대답하셨다

24 너희는 좁은 문으로 들어가려고 힘쓰라 내가 너희에게 말하노니
많은 사람이 들어가려 하여도 들어갈 수 없으리라

25 일단 그 집주인이 일어나 문을 닫은 후에 너희가 밖에 서서 문을
두드리며 말하기를, 주여, 우리에게 열어 주십시오 하면 그가 너
희에게 대답하기를, 나는 너희가 어디서 왔는지 모른다 하리라
26 그때에 너희가 말하기를, 우리가 당신 앞에서 먹고 마셨으며 당
신은 우리의 큰 거리에서 가르치셨습니다 할 것이나
27 그가 너희에게 말하기를, 나는 너희가 어디서 왔는지 모른다 악
을 행하는 너희 모든 자들아, 내게서 떠나라 할 것이니
28 아브라함과 이삭과 야곱과 모든 대언자는 하나님의 나라에 있고
너희는 밖에 쫓겨나 있는 것을 너희가 보게 될 때에 거기서 슬피
울며 이를 갈리라
29 그때에 사람들이 동서남북에서 와서 하나님 나라의 잔치상에 앉
게 될 터인데
30 보라, 지금 꼬리인 자는 머리가 되고 지금 머리인 자는 꼬리가 되리라

대언자들을 죽이는 예루살렘아

31 바로 그때에 바리새인 몇 사람이 예수께 와서 말하기를, 여기를
떠나십시오 헤롯이 당신을 죽이려고 합니다 하니

32 예수께서 그들에게 이같이 말씀하셨다 너희는 가서 저 여우에게
말하기를, 보라, 내가 오늘과 래일은 귀신들을 쫓아내고 병을 고
치다가 세째* 날에는 나의 일을 다 마치리라

33 그러나 나는 오늘과 래일과 모레에 나의 길을 가야 한다 대언자
가 예루살렘 밖에서 죽는 일이 없기 때문이다 하라

34 예루살렘아 예루살렘아, 대언자들을 죽이고 너에게 보내여진 자
들을 돌로 치는 자여, 암탉이 자기 새끼들을 날개 아래 모으듯이
내가 얼마나 자주 너희 자녀들을 모으려 하였느냐 그러나 너희가
원하지 않았다

35 보라, 너희 집이 버려져 황폐하게 되리라 내가 너희에게 말하노
니 찬양을 받으소서 주의 이름으로 오시는 이여, 하고 너희가 말
할 때까지 너희가 나를 볼 수 없으리라

---

* 셋째

14장

수종병 걸린 사람을 고치시다

1 안식일에 예수께서 바리새인들의 한 지도자 집에 잡수러 들어가
시니 그들이 예수를 지켜보고 있었다
2 그때에 수종병 걸린 한 사람이 예수 앞에 있었는데
3 예수께서 률법교사들과 바리새인들에게 물으시기를, 안식일에 병
을 고쳐 주는 것이 옳으냐 옳지 않느냐 하시자
4 그들이 잠자코 있었다 이에 예수께서 그 사람을 데려다가 고쳐 보
내신 후에
5 그들에게 말씀하시기를, 너희 중 어떤 사람의 아들이나 소가 우
물에 빠졌으면 안식일이라도 즉시 건져 내지 않겠느냐 하시니
6 그들이 이 말에 대답하지 못하였다

가장 낮은 자리로 가서 앉으라

7 초대를 받은 사람들이 높은 자리를 찾는 모습을 예수께서 지켜보
시다가 그들에게 한 비유를 들어 말씀하시기를,
8 너는 혼인잔치에 초대되었을 때에 높은 자리에 앉지 말라 너보다
더 높은 사람이 초대된 경우에
9 너와 그를 함께 초대한 주인이 너에게 와서 말하기를, 자리를 이
사람에게 내여 주시오 하면 네가 수치를 머금고 가장 낮은 자리
로 내려가게 되리라
10 네가 초대를 받았을 때에 차라리 가장 낮은 자리로 가서 앉으라
그리하면 너를 초대한 사람이 너에게 와서 말하기를, 친구여, 더
높은 자리로 올라오시오 할 것이니 그때에는 네가 너와 함께 상
에 앉아 있는 자들이 보는 앞에서 영광을 얻으리라
11 누구든지 자기를 높이는 자는 낮추어지고 자기를 낮추는 자는 높
여지리라 하셨다

12 또 예수께서 자신을 초대한 사람에게도 이같이 말씀하셨다 너는 오
찬이나 만찬을 베풀 때에 네 친구나 형제나 친척이나 부유한 이웃을
부르지 말라 그들도 답례로 너를 초대하여 네게 되갚을지 모른다
13 너는 잔치를 베풀 때에 차라리 가난한 자들과 불구가 된 자들과
다리 저는 자들과 맹인들을 초대하라
14 그들은 너에게 되갚을 것이 없으므로 네가 복을 받을 것이니 이
는 의인들의 부활의 때에 너에게 되갚아질 것임이라

큰 잔치 비유

15 예수와 함께 상에 앉아 있던 자들 가운데 한 사람이 이 말씀들을
듣고 예수께 말하기를, 하나님의 나라에서 떡을 먹게 될 자들은
복 받았습니다 하니
16 예수께서 그에게 이같이 말씀하셨다 어떤 사람이 큰 만찬을 베풀
고 많은 사람을 초대하였는데
17 잔치 때가 되자 초대를 받은 사람들에게 그의 종을 보내어 모든
것이 준비되였으니 어서 오시오 하는 말을 전하였다

18 그러나 사람들이 모두 하나같이 핑계를 대기 시작하니 첫 번째 사
람이 그 종에게 말하기를, 내가 밭을 샀으니 가서 보아야만 하네
나를 량해*해 주게 하고
19 다른 사람은 말하기를, 내가 소 다섯 겨리를 샀으니 그것들을 부
려 보러 가려고 하네 나를 량해해 주게 하고
20 또 다른 사람은 말하기를, 내가 장가를 들었으므로 갈 수가 없네
하였다
21 종이 돌아와 자기 주인에게 이 말을 전하니 그 주인이 노하며 그
종에게 지시하기를, 너는 서둘러 이 도시의 거리와 골목으로 나
가서 가난한 자들과 불구가 된 자들과 다리 저는 자들과 맹인들
을 데려오라 하였다
22 그 종이 말하기를, 주인님, 당신이 분부하신 대로 행하였으나 아
직 빈자리가 있습니다 하자
23 주인이 그 종에게 말하기를, 너는 큰길과 작은 길로 가서 사람들
을 오도록 강권하여 데려다가 내 집을 채우라
24 내가 너희에게 말하노니 전에 초대를 받았던 자들 중에서는 내 잔
치를 맛볼 자가 하나도 없다 하였다

---

* 양해

25 그 후에 큰 무리가 예수와 함께 갈 때에 예수께서 돌이켜 그들에
게 이같이 말씀하셨다
26 누구든지 내게 나아오는 자가 자기 아버지와 어머니와 안해와 자
녀와 형제와 자매 심지어 자기 목숨까지 미워하지 않으면 내 제
자가 될 수 없고
27 누구든지 자기 십자가를 지고 나를 따르지 않는 자도 내 제자가
될 수 없다
28 너희 중에 누가 망대를 짓고자 하면 먼저 앉아서 자기가 가지고 있
는 것이 그것을 다 짓는 데 충분한지 그 비용을 계산하지 않겠느냐
29 그렇게 하지 않고 그가 그 기초를 놓고서 미처 완공하지 못하면
그것을 보는 모든 사람이 그를 조롱하며
30 말하기를, 이 사람이 짓기 시작하였으나 끝내지는 못하였구나 하리라

31 또 어떤 임금이 다른 임금과 싸우러 나갈 때에 먼저 앉아서 자기
가 거느리는 일만 명으로 자기를 치러 오는 이만 명을 이길 수 있
을지 헤아리지 않겠느냐
32 이기지 못할 것 같으면 적군이 아직 멀리 있을 때에 그가 사신을
보내여 화친을 청하여야 하리라
33 이와 같이 너희 중 누구든지 자기가 가진 모든 것을 버리지 않으
면 내 제자가 될 수 없다
34 소금은 좋은 것이다 그러나 소금이 그 맛을 잃으면 무엇으로 그
맛을 되살리겠느냐
35 그것이 땅에도 거름더미에도 쓸모가 없어 사람들이 내버린다 들
을 귀를 가진 자는 들으라

15장

잃은 양을 찾은 목자 비유

1 모든 세리와 죄인들이 예수의 말씀을 들으러 가까이 오니
2 바리새인들과 률법교사들이 수군거리며 말하기를, 이 사람이 죄
인들을 영접하고 그들과 함께 먹는다 하였다
3 그러자 예수께서 그들에게 이 비유로 말씀하셨다
4 너희 중에 어떤 사람이 양 일백 마리를 가지고 있는데 그중 한 마
리를 잃으면 아흔아홉 마리를 들에 두고 그 잃은 양 한 마리를 마
침내 찾아낼 때까지 찾아다니지 않겠느냐
5 그가 잃은 양을 찾아내면 기뻐하며 그것을 자기 어깨에 메고
6 집으로 돌아와 벗들과 이웃 사람들을 불러 모으고 말하기를, 나
와 함께 기뻐해 주시오 내가 잃었던 양을 찾아냈다오 하리라
7 내가 너희에게 말하노니 이와 같이 죄인 한 사람이 회개하면 하
늘에서는 회개할 필요가 없는 아흔아홉 명의 의인으로 인한 것보
다 더 큰 기쁨이 있으리라

잃은 드라크마를 찾은 녀인 비유

8 어떤 녀인이 열 드라크마를 가지고 있는데 그중 하나를 잃으면 등
불을 켜고 온 집안을 쓸면서 마침내 찾아낼 때까지 구석구석 뒤
지지 않겠느냐
9 그러다가 찾아내면 그녀가 벗들과 이웃 사람들을 불러 모으고 말
하기를, 나와 함께 기뻐해 주시오 내가 잃었던 한 드라크마를 찾
아냈다오 하리라
10 내가 너희에게 말하노니 이와 같이 죄인 한 사람이 회개하면 하나
님의 천사들 앞에 기쁨이 있다

잃은 아들을 되찾은 아버지 비유

11 또 예수께서 이같이 말씀하셨다 어떤 사람이 두 아들을 두었는데
12 그중 작은 아들이 아버지에게 말하기를, 아버지, 나에게 돌아올
재산의 몫을 주십시오 하매 아버지가 두 아들에게 재산을 나누어
주었다
13 그 후 오래지 않아 작은 아들이 자기 재산을 모두 챙겨 먼 지역으
로 가서 거기서 흥청망청 살며 재산을 탕진하였다

14 그가 자기 재산을 다 써 버렸을 때에 그 지역에 극심한 가뭄이 들
어 그가 궁핍하여지자
15 그 지역 주민들 가운데 한 사람을 찾아가 그에게서 고용살이를 하
니 그 사람이 그를 자기 들로 보내여 돼지떼를 치게 하였다
16 그때에 그가 돼지들이 먹는 쥐엄나무 열매로 배를 채우기 원하였
으나 아무도 그에게 주지 않았다
17 그러자 그가 비로소 정신을 차리고 말하기를, 내 아버지의 품군*
들 중에는 량식이 풍족한 자가 얼마나 많은가 그러나 나는 여기서
굶어 죽는구나
18 이제 내가 일어나 내 아버지께 가서 말하기를, 아버지, 내가 하늘
과 당신께 죄를 지었으니
19 나는 더 이상 당신의 아들로 불릴 자격이 없습니다 그러니 나를
당신의 품군 중 하나로 삼아 주십시오 해야겠다 하였다

---

* 품꾼

20 마침내 그가 일어나 자기 아버지의 집으로 가니 그가 아직 멀리서
오고 있을 때에 그의 아버지가 그를 보고 측은히 여겨 달려 나가
그의 목을 끌어안고 볼을 맞추자
21 그 아들이 아버지에게 말하기를, 아버지, 내가 하늘과 당신께 죄
를 지었으니 더 이상 당신의 아들로 불릴 자격이 없습니다 하였다
22 그러나 그 아버지는 자기 종들에게 말하기를, 너희는 가장 좋은
옷을 가져다가 그에게 입히고 그의 손에 반지를 끼우고 발에 신
을 신기라
23 그리고 살진 송아지를 끌어다가 잡으라 우리가 먹고 즐기자
24 나의 이 아들은 죽었다가 다시 살아났고 내가 잃었다가 다시 찾
았다 하니 그들이 즐거워하였다
25 그의 맏아들은 들에 있다가 돌아와 집 가까이 왔을 때에 풍악과
춤추는 소리를 듣고
26 그의 하인 하나를 불러 이게 무슨 일인지 물으니
27 그 하인이 그에게 대답하기를, 당신의 동생이 돌아왔는데 당신의
아버지는 그가 성한 몸으로 안전하게 돌아온 것을 인하여 살진 송
아지를 잡았습니다 하였다

28 이에 맏아들이 화를 내며 들어가려 하지 않자 그의 아버지가 밖
으로 나와 그를 달래기 시작하였다
29 그러나 맏아들이 그 아버지에게 답변하기를, 보십시오 나는 이 여
러 해 동안 아버지를 섬겨 왔고 한 번도 아버지 명령을 거스르지
않았으나 아버지는 내가 친구들과 함께 즐기도록 염소 새끼 한 마
리도 주지 않으셨습니다
30 이제 아버지의 재산을 창녀들과 함께 말아먹은 아버지의 이 아들
이 돌아오니 아버지는 그를 위하여 살진 송아지를 잡으셨습니다
하였다
31 그러자 그 아버지가 맏아들에게 말하기를, 아들아, 너는 늘 나와
함께 있으니 나의 것이 모두 너의 것이다
32 그러나 네 아우는 죽었다가 살아났고 우리가 잃었다가 찾았으니
즐거워하고 기뻐하는 것이 마땅하다 하였다

북한 성도의 고백

그러던 어느 날 할머니는 봉주에게 빛바랜 책 한 권을 주시면서 읽어 보라고 하셨다.
“이것이 뭡니까?”
“하나님의 말씀이 기록된 성경이야. 내가 가장 아끼는 귀한 거이지.”
신약만 들어 있는 성경이었다.
성경을 구할 수 없는 북한의 형편상 혼자 지니고 있을 수가 없어, 봉주는 부지런히 성경을 공책에 베껴 쓰기 시작하였다.
그리고 얼마 지나지 않아 손때가 묻어 너덜너덜해진 성경을 할머니에게 돌려주었다.
그러던 어느 날이었다.
“봉주 아저씨, 봉주 아저씨!”
할머니의 손녀가 다급한 목소리로 봉주를 찾았다.
“무슨 일이가?”
“할머니가 지금 안전부에 잡혀갔어요.”
“왜?”
“오늘이 주일이라 집에서 사람들과 모여 예배를 드리다가 몽땅 끌려갔어요.”
누군가의 밀고로 끌려간 할머니는 그 후 행방불명이 되고 말았다.

그동안 할머니로부터 많은 찬송을 배우고 성경 말씀을 들었던 봉주는 더 이상 믿음의 교제를 나눌 수 없는 것이 마음 아프고 답답했다.
다만 혼자서 외우고 있는 찬송가를 부르고 손으로 베껴 쓴 성경을 읽는 수밖에 없었다.

_『붉은 예수쟁이』

16장

불의한 청지기 비유

1 예수께서 또 제자들에게 이같이 말씀하셨다 어떤 부자에게 한 청지기가 있는데 이 청지기가 부자의 재산을 랑비*한다는 고발이 들어왔다

2 그리하여 그 부자가 그 청지기를 불러 말하기를, 내가 너에 대하여 듣고 있는 이 소문이 무엇이냐 너는 더 이상 나의 청지기가 될 수 없으니 너의 청지기 회계 장부를 내놓으라 하자

3 그 청지기가 속으로 생각하기를, 내 주인이 나에게서 청지기직을 거두니 내가 어떻게 해야 할까 땅을 파자니 힘이 없고 빌어먹자니 부끄럽구나

4 이제 내가 해야 할 일을 알았다 그렇게 하면 내가 청지기 자리에서 밀려난 후에도 사람들이 나를 자기 집으로 영접하리라 하고

5 자기 주인에게 빚진 사람들을 하나씩 불러 첫 번째 사람에게 묻기를, 네가 나의 주인에게 얼마나 빚을 졌느냐 하니

6 그 사람이 대답하기를, 기름 백 바트입니다 하였다 그러자 그 청지기가 그에게 말하기를, 여기 너의 채무 증서가 있으니 빨리 앉아서 쉰으로 적으라 하였다

---

* 낭비

7 그가 또 다른 사람에게 묻기를, 너는 얼마나 빚을 졌느냐 하니 그
가 대답하기를, 밀 일백 코르입니다 하자 그 청지기가 그에게 말
하기를, 너의 채무 증서를 받아 여든으로 적으라 하였다
8 그러자 그 주인은 이 불의한 청지기가 현명하게 행한 것을 칭찬
하였으니 사실상 이 시대의 아들들이 그들끼리의 거래에서는 빛
의 아들들보다 더 현명하다
9 그러므로 내가 너희에게 말하노니 불의의 재물로 친구들을 사귀
라 그리하면 너희에게 재물이 없어질 때에 친구들이 너희를 영원
한 처소로 영접하리라
10 지극히 작은 것에 충성된 자는 큰 것에도 충성되고 지극히 작은
것에 불의한 자는 큰 것에도 불의하다
11 너희가 불의한 재물을 충성스럽게 관리하지 않으면 누가 너희에
게 참된 재물을 맡기겠느냐
12 너희가 남의 것을 충성스럽게 관리하지 않으면 누가 너희에게 너
희 것을 주겠느냐

13 종이 두 주인을 섬길 수 없으니 이는 그 종이 이 주인은 미워하고
저 주인은 사랑하거나 이 주인에게는 충성을 다하고 저 주인은 업
신여길 것임이라 너희는 하나님과 재물을 함께 섬길 수 없다

률법과 하나님 나라

14 바리새인들은 돈을 좋아하는 사람들이므로 이 모든 말을 듣고 예
수를 비웃으니
15 예수께서 그들에게 이같이 말씀하셨다 너희는 사람들 앞에서 스
스로 의롭다 하는 자들이나 하나님은 너희 마음을 아시니 사람들
가운데서 높임을 받는 것은 하나님 보시기에 역겨운 일이다
16 률법과 대언자들은 요한의 때까지였고 그때 이후로 하나님의 나
라가 선포되여 사람마다 그리로 밀고 들어가려 한다
17 그러나 률법의 한 획이 떨어져 나가는 것보다 천지가 없어지는 것
이 더 쉽다
18 누구든지 자기 안해를 버리고 다른 녀인을 안해로 삼는 자는 간
음을 범하는 것이요 누구든지 남편에게 버림을 받은 녀인을 안해
로 삼는 자도 간음을 범하는 것이다

19 한 부자가 있어 자색 옷과 고운 베옷을 입고 날마다 호화롭게 살
아가고 있었고
20 그의 문 앞에는 나사로라는 이름을 가진 한 거지가 헌데 투성이
로 누워 있었는데
21 그가 그 부자의 상에서 떨어지는 부스러기로 배를 채우고자 할 때
에 심지어 개들이 와서 그의 헌데를 핥았다
22 그 후에 거지가 죽어 천사들에게 이끌려 아브라함의 품에 안겼고
부자도 죽어서 묻혔다
23 부자가 하데스에서 고통을 당하다가 눈을 들어 저 멀리 아브라함
과 그의 품에 있는 나사로를 보고
24 부르짖기를, 아버지 아브라함이여, 제발 나를 불쌍히 여기사 나
사로를 보내여 그의 손가락으로 물을 찍어 내 혀를 식혀 주게 하
소서 참으로 내가 이 불꽃 속에서 시달리고 있습니다 하자
25 아브라함이 말하기를, 얘야, 평생 너는 좋은 것들을 누렸고 나사
로는 불행을 겪은 것을 기억하라 그러나 이제 그는 여기서 위로
를 받고 너는 고통을 받는다

26 그뿐 아니라 너희와 우리 사이에는 큰 구덩이가 놓여 있어 여기에
서 너희에게 건너가려 하여도 갈 수 없고 거기서 우리에게로 건
너올 수도 없다 하니
27 그 부자가 말하기를, 그렇다면 아버지여, 내가 당신께 간청하니
나사로를 내 아버지 집에 보내 주십시오
28 나에게 형제 다섯이 있는데 그가 그들에게 증언하여 그들이 이 고
통의 자리로 오지 않게 해주십시오 하였다
29 그러자 아브라함이 말하기를, 그 사람들에게 모세와 대언자들이
있으니 그들에게 들어야 한다 하니
30 그 부자가 말하기를, 아닙니다 아버지 아브라함이여, 만일 죽은
사람들 중 하나가 그들에게 가면 그들이 회개할 것입니다 하자
31 아브라함이 부자에게 답변하기를, 그들이 모세와 대언자들의 말
을 듣지 않으면 어떤 사람이 죽은 자 가운데서 일어난다 하더라
도 그들이 설득되지 않으리라 하였다

17장

용서, 믿음, 종이 할 일

1 예수께서 제자들에게 말씀하시기를, 걸려 넘어지게 하는 일이 없
을 수는 없으나 그 일이 일어나게 하는 자에게는 화로다
2 이 작은 자들 가운데 하나를 걸려 넘어지게 하는 자는 차라리 연
자매돌*이 그 목에 매달려진 채로 바다에 던져지는 것이 낫다
3 너희는 스스로 조심하라 만일 네 형제가 범죄하면 그를 꾸짖고 그
가 회개하면 용서하라
4 또 형제가 너에게 하루에 일곱 번 죄를 짓고 일곱 번 너에게 돌아
와 말하기를, 내가 회개한다 하면 너는 그를 용서하라 하셨다
5 이때에 사도들이 주께 말하기를, 우리에게 믿음을 더하소서 하니
6 주께서 이같이 답변하셨다 만일 너희에게 겨자씨 한 알만한 믿음
이 있다면 너희가 이 뽕나무에게 말하기를, 뿌리가 뽑혀 바다에
심겨지라 하여도 그것이 너희에게 복종하리라

---

* 연자맷돌

7 너희 중 어떤 사람에게 종이 있는데 그 종이 들에서 쟁기질하거
나 양떼를 치다가 돌아왔을 때에 그 사람이 종에게 말하기를, 어
서 와서 앉아 먹으라 하겠느냐
8 도리여 그 사람이 그에게 말하기를, 내가 먹도록 상을 차리고 내
가 먹고 마시는 동안 너는 허리를 동이고서 나의 시중을 든 후에
먹고 마시라 하지 않겠느냐
9 종이 명령받은 일을 행하였다고 해서 주인이 그에게 감사하겠느냐
10 이와 같이 너희도 명령받은 것을 다 행한 후에 말하기를, 우리는
무익한 종입니다 우리가 마땅히 해야 할 일을 한 것뿐입니다 하라

문둥병자 열 명이 깨끗함을 받다

11 예수께서 예루살렘으로 가실 때에 사마리아와 갈릴리 사이를 지
나다가
12 한 마을에 들어가시니 문둥병자 열 명이 예수를 만나 멀리 서서
13 목소리 높여 부르짖기를, 예수 선생님이여, 우리를 불쌍히 여기
소서 하매
14 예수께서 그들을 보고 말씀하시기를, 너희는 가서 제사장들에게
너희 몸을 보이라 하시니 그들이 가는 도중에 깨끗해졌다

15 그러자 그들 중의 하나는 자기가 고침을 받은 것을 보고 돌아와
큰 소리로 하나님께 영광을 돌리며
16 예수의 발 앞에 엎드려 절하고 감사드렸으니 그는 사마리아 사람
이였다
17 이때에 예수께서 답하여 말씀하시기를, 열 사람이 깨끗해지지 않
았느냐 그런데 아홉은 어디에 있느냐
18 이 이방인 외에는 하나님께 영광을 돌리러 돌아온 자가 없느냐 하
시고는
19 그에게 말씀하시기를, 일어나서 가라 네 믿음이 너를 구원하였다
하셨다

하나님의 나라는 너희 안에 있다

20 그 후에 예수께서 바리새인들로부터 하나님의 나라가 언제 오느
냐는 질문을 받고 그들에게 대답하시기를, 하나님의 나라는 눈으
로 볼 수 있게 오는 것이 아니고
21 사람들이 말하기를, 보라, 그것이 여기에 있다 또는 저기에 있다
할 수 있는 것도 아니다 하나님의 나라는 너희 안에 있다 하셨다

22 또 예수께서 제자들에게 이같이 말씀하셨다 너희가 인자의 날들
가운데 하루를 보기 원하여도 볼 수 없는 날이 올 것이니
23 그때에 사람들이 너희에게 말하기를, 보라, 그가 저기에 있다 또
는 보라, 그가 여기에 있다 할 것이나 너희는 가지 말고 그들을 따
르지도 말라
24 번개가 하늘 이 끝에서 저 끝까지 번쩍이며 비치는 것같이 인자
도 그의 날에 그러할 것임이라
25 그러나 그가 먼저 많은 고난을 받고 이 세대에게 버림을 받아야 한다
26 노아의 시대에 일어났던 일이 인자의 시대에도 일어날 것이니
27 노아가 방주에 들어갈 때까지 사람들이 먹고 마시고 장가들고 시
집가더니 대홍수가 일어나 그들 모두를 멸하였다
28 롯의 시대에도 마찬가지로 사람들이 먹고 마시며 사고팔고 심고
집을 지었으나
29 롯이 소돔을 떠나던 날에 하늘에서 불과 류황*이 비오듯 쏟아져
그들을 다 멸하였으니
30 인자가 나타나는 그날에도 그러하리라

* 유황

31 그날에 지붕 우에 있는 사람은 내려가서 집안에 있는 물건을 가
지고 나오려 하지 말고 마찬가지로 밭에 있는 사람도 뒤로 돌이
키지 말아야 한다
32 롯의 안해를 기억하라
33 누구든지 자기 목숨을 보전하려 하면 잃을 것이나 자기 목숨을 잃
는 자는 보전하리라
34 내가 너희에게 말하노니 그 밤에 둘이 한 자리에 누워 있다가 한
사람은 데려감을 얻고 다른 한 사람은 버려둠을 당할 것이요
35 두 녀인이 함께 매돌을 갈고 있다가 한 녀인은 데려감을 얻고 다
른 한 녀인은 버려둠을 당할 것이요
36 부부가 함께 있다가 남편은 데려감을 당하고 안해는 버려둠을 당
하리라
37 이때에 제자들이 예수께 묻기를, 주여, 어디서입니까 하니 예수
께서 그들에게 대답하시기를, 주검이 있는 곳에 독수리들이 모이
리라 하셨다

18장

과부와 재판관 비유

1 예수께서 제자들에게 항상 기도하고 락심*하지 말 것에 대하여 비
유를 들어
2 말씀하시기를, 어떤 도시에 하나님을 두려워하지 않고 사람도 존
중하지 않는 한 재판관이 있었고
3 또 그 도시에 한 과부가 있었는데 그녀가 자주 재판관에게 가서
말하기를, 내 대적에 대한 나의 원한을 갚아 주십시오 하였다
4 그러나 그가 한동안 듣지 않다가 나중에 생각하기를, 내가 하나
님을 두려워하지 않고 사람도 존중하지 않으나
5 이 과부가 계속 나를 귀찮게 하니 내가 그녀의 원한을 갚아 주리라
그렇지 않으면 그녀가 계속 찾아와 나를 괴롭히리라 하였다 하셨다
6 이어서 주께서 말씀하시기를, 너희는 그 불의한 재판관이 말하는
것을 들으라

---

* 낙심

7 하물며 하나님이 밤낮 부르짖는 그의 택하신 자들의 원한을 풀어
주시지 않겠느냐 하나님이 그들을 돕는 일을 오래 미루시겠느냐
8 내가 너희에게 말하노니 하나님이 신속하게 그들의 원한을 갚아 주
시리라 그러나 인자가 올 때에 땅에서 믿음을 찾아보겠느냐 하셨다

바리새인과 세리 비유

9 또 예수께서는 스스로 의롭다고 믿으면서 다른 사람을 업신여기
는 자들에게 이 같은 비유를 말씀하셨다
10 두 사람이 기도하려고 성전에 올라갔는데 한 사람은 바리새인이
고 다른 한 사람은 세리였다
11 그 바리새인은 따로 서서 기도하기를, 하나님이여, 내가 다른 사
람들, 곧 폭리를 취하는 자들이나 불의한 자들이나 간음하는 자
들과 같지 않고 이 세리와도 같지 않음을 감사드립니다
12 나는 한 주에 두 번씩 금식하고 나의 모든 소득에서 십일조를 바
칩니다 하였다

13 그러나 그 세리는 멀찌감치 서서 감히 눈을 들어 하늘을 쳐다보
지도 못하고 가슴을 치며 말하기를, 하나님이여, 나를 불쌍히 여
기소서 나는 죄인입니다 하였다
14 내가 너희에게 말하노니 이 세리가 저 바리새인보다 오히려 의롭
다 하심을 얻고 자기 집으로 내려갔다 자기를 높이는 자는 낮추
어질 것이나 자기를 낮추는 자는 높여지리라

어린아이들을 막지 말라

15 예수께서 만져 주시기를 바라고 사람들이 어린이들을 데리고 왔
으나 제자들이 그것을 보고 그들을 꾸짖었다
16 그러자 예수께서 그들을 가까이 부르고 말씀하시기를, 어린아이
들을 내게로 오게 하고 막지 말라 하나님의 나라가 이런 자들의
것이다
17 아멘, 내가 너희에게 말하노니 누구든지 하나님의 나라를 어린아이
같이 받아들이지 않으면 결단코 거기에 들어가지 못하리라 하셨다

부유한 지도자

18 어떤 지도자가 예수께 묻기를, 선한 선생님, 내가 영원한 생명을
얻으려면 무엇을 해야 합니까 하니
19 예수께서 그에게 말씀하시기를, 어찌하여 너는 나를 선하다고 부
르느냐 하나님 한 분 외에는 선한 이가 없다
20 너는 간음하지 말라 살인하지 말라 도둑질하지 말라 거짓 증언하
지 말라 네 아버지와 어머니를 공경하라는 계명들을 알고 있을 것
이다 하셨다
21 이에 그가 말하기를, 내가 어려서부터 이 모든 것을 지켰습니다 하니
22 예수께서 이 말을 들으시고 그에게 말씀하시기를, 너에게 아직 한
가지가 부족하니 네가 가진 모든 것을 팔아 가난한 자들에게 나
누어 주라 그리하면 네가 하늘의 보화를 누릴 것이니 그 후에 와
서 나를 따르라 하시자
23 그가 매우 부유하였으므로 이 말씀을 듣고 매우 근심하였다

24 이때에 예수께서 그가 매우 근심하는 것을 보고 말씀하시기를, 재
물을 가진 자가 하나님의 나라에 들어가기가 얼마나 어려운지
25 부자가 하나님의 나라에 들어가는 것보다 락타*가 바늘귀로 들어
가는 것이 더 쉽다 하셨다
26 이 말을 들은 사람들이 묻기를, 그러면 누가 구원을 얻을 수 있습
니까 하니
27 예수께서 대답하시기를, 사람에게는 불가능한 것이 하나님께는
가능하다 하셨다
28 이때에 베드로가 말하기를, 보십시오 우리가 모든 것을 버려두고
당신을 따랐습니다 하니
29 예수께서 제자들에게 말씀하시기를, 아멘, 내가 너희에게 말하노
니 하나님의 나라를 위하여 집이나 안해나 형제나 부모나 자녀를
버린 사람으로서
30 현세에서 여러 배를 받고 래세**에서 영원한 생명을 받지 못할 자
가 없다 하셨다

---

* 낙타

** 내세

죽음과 부활을 다시 말씀하시다

31 예수께서 열두 제자를 따로 불러 그들에게 말씀하시기를, 보라,
우리가 예루살렘으로 올라가고 있으니 인자에 관하여 대언자들에
의해 기록된 모든 것이 성취되리라
32 인자가 이방인들에게 넘겨져 조롱을 당하고 모욕을 받고 침 뱉음
을 당할 것이며
33 사람들이 그를 채찍질하고 죽일 것이나 그가 제삼 일에 다시 일
어나리라 하셨다
34 그러나 제자들이 이 말씀을 하나도 깨닫지 못하였으니 이 말씀이
그들에게 감추어져 있어 주께서 말씀하신 내용을 그들이 도무지
간파하지 못하였던 것이다

맹인을 고치시다

35 예수께서 여리고 가까이 가셨을 때에 한 맹인이 길가에 앉아 구
걸하고 있다가
36 무리가 지나가는 소리를 듣고 이게 무슨 일이냐고 물으니
37 사람들이 그에게 나사렛 예수께서 지나가신다고 말해 주었다

38 그러자 그 맹인이 큰 소리로 부르짖기를, 다윗의 자손 예수여, 나
를 불쌍히 여기소서 하니
39 앞서가던 자들이 그에게 잠잠히 있으라고 엄히 꾸짖었으나 그가
더욱 크게 소리치기를, 다윗의 자손 예수여, 나를 불쌍히 여기소
서 하였다
40 그때에 예수께서 멈추어 서서 그를 자신에게 데려오도록 명하셨
다 그가 가까이 왔을 때에 그에게 물으시기를,
41 내가 너에게 무엇을 해주기 원하느냐 하시니 그가 대답하기를, 주
여, 내가 보기를 원합니다 하였다
42 이에 예수께서 그에게 말씀하시기를, 네 눈을 떠서 보라 네 믿음
이 너를 구원하였다 하시자
43 즉시 그가 보게 되어 하나님께 영광 돌리며 예수를 따랐고 모든
백성은 그것을 보고 하나님을 찬양하였다

19장

예수와 삭개오

1 예수께서 여리고로 들어가 그곳을 지나가고 계실 때에
2 거기에 삭개오라는 이름을 가진 사람이 있었는데 그는 세리장이
고 부자였다
3 그는 예수께서 어떤 분인지 보고 싶었으나 키가 작으므로 무리로
인하여 볼 수가 없어서
4 미리 앞쪽으로 달려가 예수를 보려고 돌무화과나무에 올라갔다
예수께서 그리로 지나가시게 되어 있었기 때문이다
5 예수께서 그곳에 이르셨을 때에 그를 올려다보며 말씀하시기를,
삭개오야, 속히 내려오라 내가 오늘 너의 집에 머물러야겠다 하
시니
6 삭개오가 서둘러 내려와 예수를 기쁘게 영접하였다
7 그것을 본 모든 사람이 수군거리며 말하기를, 그가 죄인의 집에
손님으로 들어갔다 하였다

8 그때에 삭개오가 서서 주께 말하기를, 보십시오 주님, 내가 내 재
산의 절반을 가난한 자들에게 주겠고 내가 누구의 것을 속여 빼
앗은 일이 있으면 그것을 네 배로 갚겠습니다 하니
9 예수께서 그에게 말씀하시기를, 오늘 구원이 이 집에 이르렀다 그
도 아브라함의 자손임이라
10 인자가 온 것은 잃어버린 자를 찾아 구원하려 함이다 하셨다

열 므나 비유

11 그들이 이 말씀을 듣고 있을 때에 예수께서 한 비유를 더 말씀하
셨으니 이는 예수께서 예루살렘에 가까이 오셨으므로 제자들이
하나님의 나라가 즉시 나타날 것으로 생각하고 있었기 때문이다
12 그러므로 예수께서 이같이 말씀하셨다 어떤 귀인이 임금의 지위
를 받아 오려고 먼 나라로 갈 때에
13 자기 종 열 명을 불러 그들에게 열 므나를 주며 말하기를, 내가 올
때까지 이것으로 사업을 벌이라 하였다
14 그러나 그의 백성이 그를 미워하여 그의 뒤로 한 사자를 보내여
말하기를, 우리는 이 사람이 우리의 임금이 되는 것을 원하지 않
습니다 하였다

15 마침내 그 귀인이 임금의 지위를 받고 돌아와 자기가 돈을 준 종
들이 얼마나 벌었는지 알아보려고 그들을 부르니
16 첫 번째 사람이 와서 말하기를, 주인님, 당신의 한 므나로 열 므
나를 벌었습니다 하자
17 그 주인이 그에게 말하기를, 잘하였다 착한 종아, 네가 지극히 작
은 것에 충성하였으니 열 고을 다스릴 권세를 가지라 하였다
18 그다음에 두 번째 사람이 와서 말하기를, 주인님, 당신의 한 므나
로 다섯 므나를 벌었습니다 하자
19 그 주인이 그에게 말하기를, 너도 다섯 고을 다스릴 권세를 가지
라 하였다
20 그때에 또 다른 종이 와서 말하기를, 주인님, 보십시오 당신의 한
므나가 여기 있습니다 내가 수건에 고이 싸서 간직해 두었습니다
21 당신은 지독한 분이므로 내가 당신을 두려워하니 이는 당신이 넣어
두지 않은 것을 취하고 심지 않은 것을 거두기 때문입니다 하였다
22 그러자 주인이 그에게 말하기를, 악한 종아, 네 입의 말로 내가
너를 심판하리라 너는 내가 넣어 두지 않은 것을 취하고 심지 않
은 것을 거두는 지독한 사람인 줄 알았느냐

23 그러면 어찌하여 너는 나의 돈을 은행에 맡기지 않았느냐 그렇게
하였으면 내가 와서 그 돈을 리자*와 함께 찾았으리라 하고
24 옆에 서 있는 자들에게 말하기를, 그에게서 한 므나를 빼앗아 열
므나 가진 자에게 주라 하니
25 그들이 그에게 말하기를, 주인님, 그는 이미 열 므나를 가지고 있
습니다 하매
26 주인이 말하기를, 내가 너희에게 말하노니 가진 자는 더 받게 될
것이나 가지지 않은 자는 그 가지고 있는 것까지 빼앗기리라
27 내가 임금 되는 것을 원하지 않았던 나의 이 대적들을 이리로 끌
어다가 내 앞에서 죽이라 하였다

예루살렘으로 올라가시다

28 예수께서 이 말씀을 하신 후에 앞장서서 예루살렘으로 올라가시다가
29 감람 산이라 불리는 곳에 있는 벳바게와 베다니 가까이 이르셨을
때에 제자들 중 둘을 보내며
30 말씀하시기를, 너희는 맞은편 마을로 가라 거기에 들어가면 아무
도 탄 적이 없는 나귀 새끼가 매여 있는 것을 발견할 것이니 그것
을 풀어 끌고 오라

---

* 이자

31 만일 어떤 사람이 너희에게 묻기를, 왜 그것을 푸시오 하면 그들
에게 대답하기를, 주께서 그것을 쓰려고 하십니다 하라 하셨다
32 보내심을 받은 자들이 그곳으로 가서 예수께서 그들에게 말씀하
신 대로 그것을 발견하고
33 그 나귀 새끼를 푸니 그 주인들이 그들에게 묻기를, 왜 나귀 새끼
를 푸시오 하자
34 제자들이 대답하기를, 주께서 그것을 쓰려고 하십니다 하였다
35 그리하여 제자들이 나귀 새끼를 예수께 끌고 와서 자기들의 겉옷
을 나귀 새끼 등에 펼쳐 놓고 예수를 태우자
36 예수께서 앞으로 나가시니 사람들이 자기들의 겉옷을 길에 펼쳐
놓았다
37 예수께서 감람 산의 내리막길 가까이 오실 때에 제자들의 온 무
리가 자기들이 목격한 모든 기적으로 인하여 기뻐하며 큰 소리로
하나님을 찬양하면서
38 웨치기를, 찬양을 받으소서 주의 이름으로 오시는 임금이여, 하
늘에는 평화요 가장 높은 곳에서는 영광이로다 하였다
39 이때에 무리 중에서 몇몇 바리새인들이 예수께 말하기를, 선생,
당신의 제자들을 꾸짖으시오 하자

40 예수께서 그들에게 대답하시기를, 내가 너희에게 말하노니 이 사
람들이 입을 다물면 즉시 돌들이 소리 지르리라 하셨다
41 예수께서 가까이 오셨을 때에 그 성을 보고 우시며
42 말씀하시기를, 바로 네가 오늘 평화에 이르는 길을 알기만 하였
어도 좋았을 것이나 지금 그것이 네 눈에 숨겨져 있구나
43 너의 대적들이 네 주위에 토성을 쌓고 사방으로 너를 에워쌀 날
이 올 것이니
44 그들이 너와 네 안에 있는 네 자녀들을 땅에 메여치고* 네 안에서
돌 우에 돌 하나도 남겨 두지 않으리라 이는 네가 하나님이 너를
찾아오시는 때를 알려고 하지 않았음이라 하셨다

성전에 들어가신 예수

45 예수께서 성전에 들어가시고 거기서 물건을 파는 자들을 내쫓으시며
46 그들에게 말씀하시기를, 기록된바 내 집은 기도의 집이 되여야 한
다 하였으나 너희가 그것을 강도의 소굴로 만들었다 하셨다
47 예수께서 날마다 성전에서 가르치시니 대제사장들과 률법교사들
과 백성의 지도자들이 예수를 없앨 방도를 찾았으나
48 모든 백성이 그에게 귀 기울여 듣고 있었으므로 그들이 그에게 어
찌할 방도를 찾아내지 못하였다

---

* 메어치고

20장

예수의 권위를 두고 말하다

1 어느 날 예수께서 성전에서 사람들을 가르치며 복음을 전하실 때
에 대제사장들과 률법교사들이 장로들과 함께 와서
2 따지며 묻기를, 당신이 무슨 권위로 이 일들을 행하는지 또 누가
당신에게 이 권위를 주었는지 우리에게 말하라 하니
3 예수께서 그들에게 대답하시기를, 나도 너희에게 묻겠는데 내게
대답하라
4 요한의 세례가 하늘로부터 온 것이냐 사람들로부터 온 것이냐 하시자
5 그들이 서로 의론하며 말하기를, 만일 우리가 대답하기를, 하늘
로부터라 하면 그가 되묻기를, 그러면 어찌하여 너희가 그를 믿
지 않았느냐 할 것이고
6 우리가 사람들로부터라 대답하면 모든 백성이 요한을 대언자로
굳게 믿고 있으니 그들이 우리를 돌로 칠 것이다 하였다

7 그리하여 그들이 그것이 어디로부터 왔는지 알지 못한다고 대답하자
8 예수께서 그들에게 말씀하시기를, 나도 무슨 권위로 이 일들을 행
하는지 너희에게 말하지 않겠다 하셨다

포도원 농부 비유

9 예수께서 백성에게 이 비유로 말씀하시기를, 어떤 사람이 포도원
을 만들고 그것을 농부들에게 세로 준 후에 오래동안 먼 나라에
가 있다가
10 때가 되자 농부들로 하여금 자기에게 포도원의 열매 중 일부를 바
치게 하려고 한 종을 그들에게 보냈으나 농부들은 그 종을 때리
고 빈손으로 돌려보냈다
11 그 주인이 다시 다른 종을 보내니 농부들이 그 종도 때리고 모욕
한 후에 빈손으로 돌려보냈다
12 다시 그 주인이 세 번째 종을 보냈으나 농부들이 그도 상하게 하
고 쫓아 보냈다
13 그러자 그 포도원 주인이 말하기를, 내가 어찌할까 나의 사랑받는
아들을 보내야겠다 아마도 그들이 이 아들은 존중할 것이다 하였다

14 그러나 농부들은 그 아들을 보고 저희끼리 의론하며 말하기를, 이
는 상속자니 우리가 그를 죽이고 그 물림가산*을 우리 것으로 만
들자 하고서
15 그 아들을 포도원 밖으로 끌어내여 죽였다 그러면 그 포도원 주
인이 이 사람들에게 어떻게 행하겠느냐
16 그가 와서 그 농부들을 진멸하고 포도원을 다른 사람들에게 줄 것
이다 하시니 사람들이 이 말씀을 듣고 말하기를, 그리 마옵소서
하였다
17 예수께서 그들을 보시며 말씀하시기를, 그러면 기록된바 건축자
들이 버린 돌이 모퉁이의 머리돌**이 되였다 하는 이 말씀은 무슨
뜻이냐
18 누구든지 이 돌 우에 떨어지는 자는 깨여져 부서지고 이 돌이 사
람 우에 떨어지면 그를 가루로 만들리라 하셨다

---

* 유산

** 머릿돌

가이사에게 세금을 바치는 것

19 률법교사들과 대제사장들은 예수께서 자기들에 관하여 이 비유를
말씀하신 것을 알고 곧바로 예수께 손을 대려고 하였으나 그들이
백성을 두려워하였다

20 그리하여 그들은 예수를 지켜보다가 의로운 척하는 정탐군*들을
그에게 보냈으니 이는 예수의 말을 책잡아 그를 총독의 관할과 권
한에 넘겨주려 함이였다

21 그들이 예수께 묻기를, 선생님, 우리가 알기에 당신은 바르게 말
씀하고 가르치시며 개인적인 외모를 보시지 않고 진리로써 하나
님의 도를 가르치십니다

22 우리가 가이사에게 세금을 바치는 것이 옳습니까 옳지 않습니까
하니

23 예수께서 그들의 간교함을 알아차리고 그들에게 말씀하시기를,

24 너희는 내게 한 데나리온을 보이라 이 돈에 누구의 형상과 글자가
새겨져 있느냐 하셨다 그러자 그들이 대답하기를, 가이사의 것입
니다 하니

25 예수께서 그들에게 말씀하시기를, 그런즉 가이사의 것은 가이사
에게 하나님의 것은 하나님께 바치라 하셨다

---

* 정탐꾼

26 이에 그들이 사람들 앞에서 예수의 말을 책잡을 수가 없었고 그
의 답변에 놀라 입을 다물었다

부활 논쟁

27 부활이 없다고 주장하는 사두개인 몇 사람이 예수께 와서
28 묻기를, 선생님, 모세는 어떤 사람의 형이 안해를 두고 자식이 없
이 죽으면 그의 동생이 그 녀인을 안해로 삼고 그 형의 이름으로
씨를 일으켜야 한다고 우리를 위해 기록해 놓았습니다
29 그런데 일곱 형제가 있어 맏아들이 안해를 얻었으나 자식 없이 죽으니
30 그다음에 둘째가
31 그다음에 세째가 그녀를 안해로 삼았습니다 마찬가지로 일곱 모
두가 그렇게 하고는 자식 없이 죽었고
32 마지막에는 그 녀인도 죽었습니다
33 그 일곱이 모두 그녀를 안해로 삼았으니 그러면 부활의 때에 그
녀인은 그들 중 누구의 안해가 되겠습니까 하였다

34 그러자 예수께서 그들에게 대답하시기를, 이 세상의 자녀들은 장
가들고 시집가나
35 저 세상 및 죽은 자들 가운데서 부활을 누리기에 합당하다고 여
겨지는 자들은 장가가고 시집가는 일이 없고
36 그들은 더 이상 죽지 않는다 그들이 천사와 동등하고 부활의 자
녀로서 하나님의 자녀임이라
37 죽은 자들이 일으킴을 받는 사실에 관하여 모세가 그 가시나무 덤
불의 이야기에서 주를 아브라함의 하나님, 이삭의 하나님, 야곱
의 하나님이라고 말함으로써 밝히 보여주었으니
38 하나님은 죽은 자의 하나님이 아니라 살아 있는 자의 하나님이시
다 하나님 앞에서는 모든 사람이 살아 있다 하셨다
39 그때에 률법교사들 중 몇이 답변하기를, 선생님, 훌륭하게 말씀
하셨습니다 하니
40 그들이 감히 예수께 더 물으려 하지 않았다

그리스도와 다윗의 자손

41 예수께서 그들에게 말씀하시기를, 어찌 사람들은 그리스도가 다
윗의 자손이라고 말하느냐
42 다윗 자신이 시편에서 말하기를, 주께서 내 주께 이르시되 너는
내 오른편에 앉아 있으라
43 내가 너의 대적들을 너의 발판으로 만들 때까지라 하셨도다 하였는데
44 다윗이 그리스도를 주라고 불렀으니 어찌 그가 다윗의 자손이 되
겠느냐 하셨다

률법교사들을 조심하라

45 모든 백성이 듣고 있을 때에 예수께서 그의 제자들에게 말씀하시기를,
46 너희는 률법교사들을 조심하라 그들은 긴 옷 입고 돌아다니는 것
을 좋아하며 큰 거리에서 인사받고 회당의 높은 자리와 잔치집의
좋은 자리를 차지하기 원한다
47 또 그들은 과부들의 집을 삼키며 사람들에게 보이려고 길게 기도
하니 그들이 더 엄중한 심판을 받으리라 하셨다

하나님께서 숨겨 놓으신
기도 용사들이 일어나
기도하게 하소서!

깨어 근신함으로 이 민족을 위해 기도하라고 말씀하신 주의 부르심에 순종하지 않고, 우리의 배부름을 자랑하며 기도하지 못한 죄악을 예수 그리스도의 이름으로 회개합니다. 저희를 용서하여 주소서. "그러나 내가 이스라엘에 칠천 명을 남겨 두었으니 그들은 모두 바알에게 무릎을 꿇지 않고 바알에게 입맞추지 않은 자들이다 하셨다"(왕상 19:18)라고 말씀하신 대로, 하나님께서 숨겨 놓으신 7천 명의 기도 용사가 남한과 북한에 일어나게 하셔서, 북한을 회복시키시는 하나님의 뜻이 이루어지게 하소서!

_『북한 복음화를 위한 31일 기도』

21장

가난한 과부의 헌금

1 예수께서 눈을 들어 부자들이 헌금궤에 헌금 넣는 것을 보시고
2 또 가난한 한 과부가 두 렙돈 넣는 것을 보셨다
3 그때에 예수께서 말씀하시기를, 참으로 내가 너희에게 말하노니
이 가난한 과부가 다른 모든 사람보다 더 많이 넣었다
4 이 모든 사람은 풍족한 가운데서 넣었으나 이 녀인은 가난한 가
운데 자기가 가진 생활비 전부를 넣었기 때문이다 하셨다

성전이 무너뜨려질 것을 이르시다

5 어떤 사람들이 성전에 관하여 말하되 그것이 아름다운 돌들과 하
나님께 드려진 봉헌물들로 얼마나 잘 꾸며졌는지를 말하니 예수
께서 말씀하시기를,
6 너희가 보고 있는 이것들이 돌 우에 돌 하나도 남지 않고 모두 무
너뜨려질 날이 오리라 하시니

7 그들이 예수께 묻기를, 선생님, 그러면 언제 이 일이 일어나겠습니
까 그리고 이 일이 일어날 즈음에 무슨 표징이 있겠습니까 하였다
8 그러자 예수께서 대답하시기를, 너희는 미혹을 당하지 않도록 조
심하라 많은 사람이 내 이름으로 와서 말하기를, 내가 그이다 하고
또 그때가 가까이 왔다 할 것임이라 너희는 그들을 따르지 말라
9 너희는 전쟁과 란리*의 소문을 들을 때에 두려워하지 말라 이 일
들이 먼저 일어나야 하나 종말이 바로 오지는 않는다 하셨다

환난의 징조

10 또 예수께서 그들에게 이같이 말씀하셨다 민족이 민족을 나라가
나라를 대적하여 일어나고
11 곳곳에 큰 지진과 기근과 전염병이 일어나며 하늘로부터 무서운
광경들과 큰 표징들이 있으리라
12 그러나 이 모든 일에 앞서 내 이름으로 인하여 사람들이 너희를
붙잡아 박해하며 회당과 감옥에 넘겨줄 것이니 너희가 임금들과
총독들 앞에 끌려갈 것이나
13 이 일이 결국 너희에게는 증언할 기회가 되리라

---

* 난리

14 그러므로 너희는 어떻게 답변할지를 미리 궁리하지 않기로 다짐하라
15 너희의 어떤 대적도 너희에게 맞서거나 반박할 수 없는 구변과 지
혜를 내가 너희에게 줄 것임이라
16 심지어는 너희가 부모와 형제와 친척과 친구에 의하여 넘겨지고
사람들이 너희 중 몇을 처형하리라
17 또 너희가 내 이름으로 인하여 모든 사람에게 미움을 받을 것이나
18 너희 머리카락 하나도 상하지 않을 것이며
19 너희가 인내로써 너희 령혼을 얻게 되리라

예루살렘의 환난과 인자의 오심

20 예루살렘이 군대에 에워싸이는 것을 보면 그 성의 멸망이 가까이
이른 줄 알라
21 그때에 유대에 있는 자들은 산으로 도망하고 성안에 있는 자들은
밖으로 나가고 시골에 있는 자들은 성안으로 들어가지 말라
22 이것은 기록된 모든 것이 성취되는 징벌의 날들이다
23 그날에는 아이 밴 녀인들과 젖 먹이는 녀인들에게 화 있도다 그
땅에 큰 고통이 있고 이 백성에게 진노가 림할 것이기 때문이다

24 이로써 그들이 칼날에 쓰러지고 모든 나라에 사로잡혀 가며 예루
살렘은 이방인의 때가 찰 때까지 이방인들에게 짓밟히리라
25 또 해와 달과 별들에 징조들이 있을 것이며 땅에서는 민족들이 바
다와 파도가 포효하는 큰 소리에 놀라 몹시 근심하리라
26 또 하늘의 권능들이 흔들리므로 사람들은 땅에 림하게 될 일들을
미리 내다보고 크게 두려워하여 기절하리라
27 그때에 사람들은 인자가 큰 권능과 영광을 입고서 구름을 타고 오
는 것을 볼 것이니
28 이 일들이 일어나기 시작하면 너희는 일어나 머리를 들라 너희 구
속이 가까웠기 때문이다

무화과나무에서 배울 교훈

29 또 예수께서 그들에게 한 비유를 말씀하시기를, 너희는 무화과나
무와 다른 모든 나무를 보라
30 그것들이 새싹 틔우는 것을 보면 너희는 여름이 가까운 줄 아니
31 이와 같이 너희도 이 일들이 일어나는 것을 보면 하나님의 나라
가 가까이 온 줄 알라

32 아멘, 내가 너희에게 말하노니 이 세대가 지나가기 전에 이 모든
일이 일어나리라
33 하늘과 땅은 사라질 것이나 나의 말들은 결코 사라지지 않으리라

기도하며 늘 깨어 있으라

34 너희 마음이 방탕함과 술취함과 세상의 념려로 짓눌리지 않도록
늘 주의하고 그날이 너희에게 덫과 같이 갑자기 림하지 않게 하라
35 그날이 온 지면에 살고 있는 모든 사람에게 림하리라
36 그러므로 너희는 장차 일어날 이 모든 일을 능히 피하고 마침내
인자 앞에 설 수 있도록 기도하며 늘 깨어 있으라 하셨다
37 이때에 예수께서 낮에는 성전에서 가르치시고 밤에는 밖으로 나
가 감람 산이라는 언덕에 머무셨는데
38 모든 백성이 성전에서 그의 말씀을 들으려고 이른 아침에 그에게
로 왔다

22장

유다가 배반하다

1 유월절이라 불리는 무교절이 다가오자
2 대제사장들과 률법교사들은 예수를 죽여 없앨 방도를 찾고 있었다 이는 그들이 백성을 두려워하였기 때문이다
3 그때에 사탄이 열두 제자 중 하나이며 가룟인이라 불리는 유다에게 들어가니
4 유다가 대제사장들과 성전 경비대장들을 찾아가 예수를 그들에게 넘겨줄 방도를 의론하였다
5 그러자 그들이 크게 기뻐하며 그에게 돈을 주기로 약속하니
6 유다가 동의하고 무리가 없을 때에 예수를 그들에게 넘겨줄 기회를 노렸다

유월절을 준비하다

7 유월절 양을 잡는 무교절이 되자
8 예수께서 베드로와 요한을 보내며 말씀하시기를, 너희는 가서 우
리가 먹을 수 있도록 유월절을 준비하라 하시니
9 그들이 예수께 묻기를, 우리가 어디서 그것을 준비하기 원하십니
까 하였다
10 이에 예수께서 그들에게 말씀하시기를, 보라, 너희가 성안으로 들
어가면 물동이를 지고 가는 한 남자를 만날 것이니 그가 들어가
는 집으로 따라가서
11 그 집주인에게 묻기를, 선생님이 당신에게 내가 나의 제자들과 함
께 유월절 만찬을 먹을 방이 어디에 있느냐 하고 물으십니다 하라
12 그러면 그 사람이 너희에게 필요한 것들이 갖추어져 있는 한 넓
은 다락방을 보여줄 것이다 하셨다
13 이에 제자들이 가서 예수께서 그들에게 말씀하신 대로 만나 거기
서 유월절 만찬을 준비하였다

14 그 시각이 되어 예수께서 사도들과 함께 상에 앉으셨을 때에
15 그들에게 말씀하시기를, 내가 고난을 받기 전에 이 유월절을 너
희와 함께 먹기를 간절히 원하였다
16 내가 너희에게 말하노니 하나님의 나라에서 이 유월절이 성취될
때까지 내가 다시는 그것을 먹지 않으리라 하셨다
17 예수께서 잔을 가지고 감사드리신 후에 말씀하시기를, 이것을 받
아 너희끼리 나누라
18 내가 너희에게 말하노니 하나님의 나라가 림할 때까지 내가 포도
나무 열매에서 난 것을 다시 마시지 않으리라 하셨다
19 또 예수께서 떡을 가지고 감사드리신 후에 그것을 떼여 그들에게
주시며 말씀하시기를, 이것은 너희를 위하여 주는 나의 몸이니 너
희는 나를 기념하여 이 일을 행하라 하셨다
20 저녁 식사 후에 예수께서 잔도 그렇게 들고 말씀하시기를, 이 잔
은 너희를 위하여 흘려지는 내 피로 맺는 새 계약이다
21 그러나 보라, 나를 넘겨주는 자의 손이 나와 함께 상 우에 있다

22 인자는 이미 정해진 길로 가지만 그를 넘겨주는 사람에게는 화가
있도다 하시니
23 제자들은 자기들 중에 이 일을 저지를 사람이 누구냐고 서로 묻
기 시작하였다

베드로가 부인할 것을 말씀하시다

24 제자들 가운데서 누구를 가장 큰 자로 여겨야 하는지에 대하여 그
들 사이에 론쟁이 일어나니
25 예수께서 그들에게 말씀하시기를, 이방인의 임금들은 사람들 우
에 군림하고 그들을 다스리는 권세자들은 은인이라 일컬어지나
26 너희는 그렇게 해서는 안 된다 오히려 너희 중에 가장 큰 자는 가
장 어린 자같이 되고 지도자는 섬기는 종같이 되여야 한다
27 누가 더 크냐 앉아 먹는 자냐 섬기는 자냐 앉아 먹는 자가 아니냐
그러나 나는 섬기는 자로 너희 가운데 있다

28 너희는 내가 시련을 당할 때에 내 곁에 서 있던 자들이니
29 내 아버지께서 그 나라를 나에게 맡기신 것같이 나도 너희에게 맡겨
30 너희로 내 나라에 있어 내 상에서 먹고 마시게 하고 보좌에 앉아
이스라엘 열두 지파를 심판하게 하리라
31 시몬아 시몬아, 보라, 사탄이 너희 모두를 밀 까부르듯 하려고 요
구하였다
32 그러나 내가 너를 위하여 너의 믿음이 떨어지지 않도록 기도하였
으니 너는 돌이킨 후에 네 형제들을 굳세게 하라 하셨다
33 이때에 베드로가 예수께 말하기를, 주여, 나는 당신과 함께 감옥
에도 죽는 데에도 갈 준비가 되어 있습니다 하니
34 예수께서 말씀하시기를, 베드로야, 내가 너에게 말하노니 오늘 수
탉이 울기 전에 네가 나를 안다는 사실을 세 번 부인하리라 하셨다

돈주머니와 자루와 칼

35 예수께서 제자들에게 물으시기를, 내가 너희를 돈주머니나 자루
나 신발도 없이 보냈을 때에 너희에게 부족한 것이 있었느냐 하
시니 그들이 대답하기를, 없었습니다 하였다
36 그러자 예수께서 제자들에게 말씀하시기를, 그러나 이제는 돈주
머니를 가진 사람은 챙기고 자루도 챙기라 또 칼을 가지지 않은
사람은 자기 겉옷을 팔아 그것을 사라
37 내가 너희에게 말하노니 그가 법을 모르는 죄인들과 한패로 여겨
졌다 하는 성경 말씀이 내게서 성취되어야 하리라 참으로 나에 관
하여 기록된 것들이 이제 다 성취되고 있다 하시매
38 제자들이 말하기를, 주여, 보십시오 여기에 칼이 두 자루 있습니다
하매 예수께서 그들에게 말씀하시기를, 그것이면 충분하다 하셨다

감람 산에서 기도하시다

39 예수께서 밖으로 나와 늘 하셨던 대로 감람 산으로 가시니 제자
들이 그를 뒤따랐다
40 예수께서 그곳에 이르러 그들에게 말씀하시기를, 너희는 시험에
들지 않게 기도하라 하시고

41 그들에게서 돌 던질 만큼 떨어진 곳에 나아가 무릎을 꿇고 기도
하시기를,

42 아버지여, 당신께서 원하시면 이 잔을 내게서 거두소서 그러나 내
뜻이 아니라 당신의 뜻이 이루어지게 하소서 하시니

43 하늘로부터 한 천사가 나타나 예수의 힘을 돋우었다

44 예수께서 깊은 고뇌 가운데 더욱 간절히 기도하시니 땀이 큰 피
방울*처럼 땅에 떨어졌다

45 예수께서 기도하시던 자리에서 일어나 제자들에게 오셨을 때에
그들이 슬픔으로 인하여 잠든 것을 보시고

46 그들에게 말씀하시기를, 어찌하여 너희는 자고 있느냐 시험에 들
지 않게 일어나 기도하라 하셨다

잡히시다

47 예수께서 아직 말씀하고 계실 때에 한 무리가 왔는데 유다라고 불
리는 열두 제자 중의 한 사람이 그들을 앞장서 와서 예수께 볼을
맞추려고 다가오니

48 예수께서 그에게 말씀하시기를, 유다야, 너는 볼을 맞춤으로 인
자를 넘겨주려 하느냐 하셨다

---

* 핏방울

49 그러자 예수를 둘러싸고 있던 제자들이 일어나는 일들을 보고 예
수께 묻기를, 주여, 우리가 칼로 칠까요 하고
50 제자들 중 하나가 대제사장의 종을 쳐서 그의 오른쪽 귀를 베어
버리니
51 예수께서 대답하시기를, 이것까지 참으라 하시고는 그의 귀를 만
져 낫게 하셨다
52 예수께서 자신을 잡으려고 온 대제사장들과 성전 경비대장들과
장로들에게 말씀하시기를, 너희는 마치 강도를 잡는 것같이 칼과
몽둥이를 들고 나왔느냐
53 내가 날마다 너희와 함께 성전에 있었으나 너희가 내게 손을 대지
않았다 그러나 지금은 너희의 때요 어둠의 세력권이다 하셨다

베드로가 예수를 모른다고 하다

54 그들이 예수를 잡아 대제사장의 집으로 끌고 갈 때에 베드로가 멀
찌감치 따라갔다
55 사람들이 뜰 한가운데 불을 피우고 앉아 있자 베드로도 그들 사
이에 앉았더니

56 한 녀종이 불 옆에 앉아 있는 베드로를 보고 그를 빤히 쳐다보며
말하기를, 이 사람도 그와 함께 있었다 하니
57 베드로가 이를 부인하며 말하기를, 녀인아, 나는 그를 알지 못한
다 하였다
58 잠시 후에 다른 사람이 베드로를 보고 말하기를, 당신도 그들과
한패다 하니 베드로가 말하기를, 이 사람아, 나는 아니다 하였다
59 한 시간쯤 지났을 때에 또 한 사람이 장담하며 말하기를, 분명히
이 사람도 그와 함께 있었다 그가 갈릴리 사람이기 때문이다 하자
60 베드로가 말하기를, 이 사람아, 나는 네가 무슨 말을 하는지 알지 못
한다 하였다 베드로가 이렇게 말하고 있을 때에 즉시 수탉이 울었고
61 주께서 돌이켜 베드로를 바라보시자 베드로는 오늘 수탉이 울기
전에 네가 나를 세 번 부인하리라 하신 주의 말씀이 기억나서
62 밖으로 나가 크게 통곡하였다

예수를 조롱하며 때리다

63 예수를 지키는 사람들이 예수를 조롱하며 때렸고
64 또 그의 눈을 가리고 묻기를, 대언해 보라 너를 친 자가 누구냐 하며
65 여러 말로 예수를 비난하고 모욕하였다

공회 앞에 서시다

66 날이 밝자마자 백성의 장로들과 대제사장들과 률법교사들이 함께
모여 예수를 그들의 공회로 끌고 가서
67 말하기를, 네가 그리스도이면 우리에게 말하라 하니 예수께서 그
들에게 답변하시기를, 내가 너희에게 말할지라도 너희가 결코 믿
지 않을 것이요
68 내가 물어도 너희가 대답하지 않으리라
69 그러나 이후로는 인자가 하나님의 권능의 오른편에 앉아 있으리
라 하셨다
70 그러자 그들 모두가 묻기를, 그러면 네가 하나님의 아들이냐 하
니 예수께서 그들에게 대답하시기를, 내가 그렇다고 너희가 말하
고 있다 하셨다
71 이에 그들이 말하기를, 우리에게 어찌 증거가 더 필요하겠느냐 우
리가 그의 입에서 직접 들었다 하였다

23장

빌라도가 예수께 묻다

1 그때에 온 무리가 들고 일어나 예수를 빌라도 앞으로 끌고 가서
2 고발하기 시작하며 말하기를, 우리는 이 사람이 우리 민족을 잘
못된 길로 이끌고 가이사에게 세금 바치는 것을 금하며 자기 자
신이 그리스도, 곧 임금이라고 말하는 것을 목격하였소 하니
3 빌라도가 예수께 묻기를, 그대가 유대인의 임금인가 하자 예수께
서 대답하시기를, 그대가 말한 대로다 하셨다
4 빌라도가 대제사장들과 무리에게 말하기를, 나는 이 사람에게서
어떤 혐의도 찾지 못하겠다 하자
5 그들이 더욱 강하게 주장하기를, 그가 갈릴리에서 시작하여 여기
까지 와서 유대 전역에서 가르치며 백성을 부추기고 있소 하였다
6 빌라도가 이 말을 듣고 이 사람이 갈릴리 사람인지를 물어보았는데
7 빌라도는 예수께서 헤롯 관할에 속한다는 것을 알아내고서 헤롯이
그때에 예루살렘에 있었으므로 예수를 바로 헤롯에게로 보냈다

헤롯 앞에 서시다

8 헤롯은 예수를 보고 매우 기뻐하였다 이는 그가 오래동안 예수에
관한 소문을 듣고서 예수를 보기 원하였고 또 예수에 의하여 어
떤 표징이 일어나는 것을 보고자 하였기 때문이다
9 그리하여 그가 여러 말로 예수를 심문하였으나 예수께서 그에게
한마디도 대답하지 않으셨다
10 이때에 대제사장들과 률법교사들이 옆에 서서 맹렬하게 예수를
고발하자
11 헤롯도 그의 병사들과 함께 예수를 모욕하고 조롱한 후에 그에게
임금의 화려한 옷을 입혀 빌라도에게 돌려보냈다
12 헤롯과 빌라도가 전에는 앙숙이였으나 바로 그날에는 서로 친구
가 되였다

십자가에 못 박히게 예수를 넘기다

13 빌라도가 대제사장들과 관원들과 백성을 불러 모으고
14 그들에게 말하기를, 너희는 이 사람이 백성을 그릇 인도한 자라
하여 내게로 끌고 왔는데 내가 너희 앞에서 이 사람을 조사하였
으나 너희가 고발한 그 죄목들에 관하여 나는 이 사람에게서 어
떤 혐의도 찾아내지 못하였고

15 헤롯도 찾아내지 못하여 그를 우리에게 돌려보냈으니 그는 사형
을 받을 만한 어떤 일도 행하지 않았다
16 그러므로 내가 그를 채찍질한 후에 놓아주겠다 하였으니
17 명절 때에는 빌라도가 그들에게 한 사람을 놓아주어야 했던 것이다
18 그러나 그들 모두가 일제히 소리치기를, 이 사람은 없애고 바라
바를 우리에게 놓아주시오 하였는데
19 이 바라바는 그 성에서 일어난 반역과 살인죄로 감옥에 갇혀 있
는 자였다
20 빌라도가 예수를 놓아주기 원하여 사람들에게 다시 한 번 큰 소
리로 물었으나
21 그들이 계속해서 소리치기를, 그를 십자가에 못 박으시오 그를 십
자가에 못 박으시오 하니
22 빌라도가 세 번째로 그들에게 말하기를, 이 사람이 무슨 악한 일
을 행하였느냐 나는 그에게서 사형을 받을 만한 죄를 찾지 못하
였으므로 그를 채찍질한 후에 놓아주겠다 하였다
23 그러나 사람들이 그를 십자가에 못 박을 것을 큰 소리로 집요하
게 요구하니 마침내 그들의 함성이 이겼다

24 그리하여 빌라도는 그들의 요구가 수락되도록 선고를 내린 후에
25 그들이 요구하는 사람, 곧 반역과 살인죄로 감옥에 갇혀 있는 그
사람을 놓아주고 예수는 그들의 뜻대로 넘겨주었다

십자가에 못 박히시다

26 그들이 예수를 끌고 갈 때에 시골에서 올라오고 있는 구레네 사람
시몬을 붙들어 그로 하여금 십자가를 지고 예수를 따르게 하였다
27 이때에 백성의 큰 무리가 예수를 따라왔고 그들 중에는 가슴을 치
며 그를 위하여 슬피 우는 녀인들도 있었다
28 이에 예수께서 그들에게로 돌아서서 말씀하시기를, 예루살렘의
딸들아, 나를 위하여 울지 말고 오히려 너희 자신과 너희 자녀를
위하여 울라
29 보라, 사람들이 말하기를, 아이를 못 낳는 녀인과 아이를 배지 못한
태와 젖을 못 물려본 가슴이 복 받았다 할 때가 분명히 올 것이니
30 그때에 사람들은 산들을 향하여 말하기를, 우리 우에 무너지라 하
고 언덕들을 향하여 우리를 덮으라 하리라
31 숲이 아직 푸를 때에 그들이 이렇게 행한다면 정작 숲이 마른 때
에는 어떠한 일이 일어나겠느냐 하셨다

32 그때에 다른 죄수 두 명도 예수와 함께 처형을 받으러 끌려갔고
33 그들이 해골이라 불리는 장소에 이르러 거기서 사람들이 예수를
십자가에 못 박을 때에 다른 죄수들도 하나는 예수의 오른쪽에,
하나는 왼쪽에 못 박았다
34 이때에 예수께서 말씀하시기를, 아버지여, 저들을 용서해 주옵소
서 저들이 스스로 무엇을 행하는지 알지 못하기 때문입니다 하셨
다 사람들이 제비를 뽑아 그의 겉옷을 나누니
35 백성이 서서 지켜보고 있었고 관리들은 빈정거리며 말하기를, 그
가 다른 사람들을 구원하였으니 만일 그가 하나님이 택하신 자 그
리스도라면 자신도 구원하게 하라 하였다
36 그러자 병사들도 조롱하며 예수께 가서 신 포도주를 주고
37 말하기를, 네가 유대인의 임금이면 너 자신을 구원하라 하였다
38 이때에 그의 머리 우에는 이 사람은 유대인의 임금이다 하고 쓴
이름패가 걸려 있었다
39 매달린 죄수들 중 하나가 예수께 욕을 퍼부으며 말하기를, 너는
그리스도가 아니냐 너 자신과 우리를 구원하라 하였으나
40 다른 죄수는 그 사람을 꾸짖으며 말하기를, 너도 동일한 정죄 아
래 있는데 하나님이 두렵지 않느냐

41 우리는 우리가 행한 일에 따라 벌 받는 것이 마땅하나 이분은 아
무런 잘못도 범하지 않으셨다 하고
42 예수께 말하기를, 예수여 당신의 나라에 들어가실 때에 나를 기
억하소서 하였다
43 그러자 예수께서 그에게 말씀하시기를, 아멘, 내가 너에게 말하
노니 오늘 네가 나와 함께 락원*에 있으리라 하셨다

숨을 거두시다

44 이슥고 제륙 시**쯤 되자 해가 빛을 잃고 온 땅에 어두움이 내리
덮여 제구 시까지 이어졌고
45 성소의 휘장이 둘로 찢어졌다
46 이때에 예수께서 큰 소리로 부르짖으시기를, 아버지여, 내 령혼
을 당신의 손에 맡깁니다 하시고 이 말씀을 아뢴 후에 숨을 거두
시니
47 백인대장이 일어난 일을 지켜보고 하나님께 영광을 돌리며 말하
기를, 이 사람은 참으로 의로우셨다 하였고
48 이 광경을 보러 모여들었던 모든 군중도 일어난 일을 보고 다 가
슴을 치며 돌아갔다
49 그러나 예수를 아는 자들과 갈릴리에서부터 그를 따라온 녀자들
은 이 일을 지켜보며 멀리 서 있었다

---

* 낙원

** 제육시

요셉이 예수의 시체를 무덤에 넣어 두다

50 공회원으로 선하고 의로운 요셉이라는 사람이 있었으니
51 그는 공회원들의 결의와 행동에 동의하지 않은 자였고 유대인의 동
네 아리마대 사람으로서 하나님의 나라를 간절히 기다리고 있었다
52 이 사람이 빌라도에게 가서 예수의 시신을 요구하고
53 그것을 내려 세마포로 싸서 이제까지 아무도 넣어둔 적이 없는 바
위에 판 무덤에 모셔 두었는데
54 그날은 예비일로 안식일이 시작되고 있었다
55 갈릴리에서 예수와 함께 왔던 녀인들이 뒤따라가 그 무덤과 그 시
신을 어떻게 모셔 두었는지 보고
56 돌아가 향료와 향유를 준비하였고 안식일에는 계명을 따라 쉬었다

24장

살아나시다

1 안식 후 첫날 새벽에 그 녀인들이 준비한 향품을 가지고 무덤으
로 갔다가
2 돌문이 무덤에서 굴려진 것을 보고
3 안으로 들어갔으나 주 예수의 시신을 발견하지 못하였다
4 그들이 이 일로 크게 당황하고 있을 때에 문득 눈부시게 빛나는
옷을 입은 두 남자가 그들 옆에 섰다
5 이에 그 녀인들이 두려움에 사로잡혀 얼굴을 땅에 대고 절하니 그
들이 그 녀인들에게 말하기를, 어찌하여 너희는 산 사람을 죽은
사람들 가운데서 찾느냐
6 그분은 여기에 계시지 않고 일으킴 받으셨다 그가 갈릴리에 계실
때에 너희에게 어떻게 말씀하셨는지 기억하라
7 이르시기를, 인자가 죄인들의 손에 넘겨져 십자가에 못 박히고 제
삼 일에 다시 살아나리라 하셨다 하니

8 그제서야 녀인들은 예수의 말씀을 기억해 내고
9 그 무덤에서 돌아가 열한 사도와 다른 모든 사람에게 이 모든 것
을 말하였다
10 사도들에게 이 소식을 전한 녀인들은 막달라 마리아와 요안나, 야
고보의 어머니 마리아 그리고 그들과 동행한 다른 녀인들이였다
11 그러나 사도들은 이 말이 허튼 이야기로 들려 믿지 않았으나
12 베드로는 일어나 무덤으로 달려가서 몸을 구부려 들여다보니 세
마포만 덩그러니 놓여 있었다 그러자 그가 일어난 일을 이상하게
여기며 돌아갔다

엠마오 길에서 제자들에게 나타나시다

13 바로 그날 그들 중 두 사람이 예루살렘에서 예순 스타디온 떨어
져 있는 엠마오라는 마을로 가면서
14 일어난 이 모든 일에 대하여 서로 이야기하고 있던 중에
15 그들이 이야기하며 토론할 때에 예수께서 친히 그들 곁에 다가와
함께 가셨으나
16 그들의 눈이 가려져 예수를 알아보지 못하였다

17 이때에 예수께서 그들에게 물으시기를, 너희가 걸어가면서 서로
주고받는 이 이야기가 무엇이냐 하시니 그들이 슬픈 표정으로 멈
추어 섰고
18 그들 중 하나인 글로바라는 사람이 예수께 되묻기를, 당신은 예
루살렘에 머물렀을 터인데 거기서 요즈음 일어난 일들을 혼자만
모른다는 말입니까 하였다
19 예수께서 그들에게 물으시기를, 무슨 일이냐 하시니 그들이 예수
께 대답하기를, 나사렛 예수에 관한 일입니다 그는 하나님과 온
백성 앞에서 행동과 말씀에 능하신 대언자였으나
20 우리 대제사장들과 지도자들이 그를 넘겨주어 사형 선고를 받게
하고 십자가에 못 박았습니다
21 그러나 우리는 그가 이스라엘을 구속하실 분이라고 기대하였었습
니다 그뿐 아니라 이 일들이 일어난 지 오늘이 사흘째인데
22 우리 중의 어떤 녀인들이 우리를 놀라게 하였으니 이는 그들이 새
벽에 그 무덤에 갔으나
23 그의 시신을 못 보고 돌아와서는 예수께서 살아나셨다고 말한 천
사들에 대한 리상을 보았다고 말하였기 때문입니다

24 우리와 함께 있던 자들 가운데 몇 사람이 무덤에 가서 녀인들이
말한 것과 똑같은 광경을 목격하였으나 그들도 예수를 못 보았습
니다 하였다
25 이때에 예수께서 그들에게 말씀하시기를, 너희 어리석은 자들이여,
대언자들이 말한 모든 것을 마음으로 믿는 것이 더딘 자들이여,
26 그리스도가 이러한 고난들을 겪고 자신의 영광에 들어가야 할 것
이 아니냐 하시고
27 모세와 모든 대언자의 글에서 시작하여 모든 성경에 예수 자신에
관하여 기록된 것을 그들에게 설명하셨다
28 마침내 그들이 가려던 마을에 가까이 이르렀을 때에 예수께서는
더 멀리 가시려는 것같이 하시니
29 그들이 예수께 강권하며 말하기를, 날이 저물어 저녁이 다 되였
으니 우리와 함께 머무십시오 하자 예수께서 그들과 함께 머물고
자 들어가셨다
30 예수께서 그들과 함께 상에 앉으셨을 때에 떡을 가지고 감사드리
신 후에 그것을 떼여 그들에게 주시자
31 비로소 그들의 눈이 열려 예수를 알아보았으나 예수께서 그들의
시야에서 사라지셨다

32 이때에 그들이 서로 말하기를, 길에서 그분이 우리에게 말씀하시며
성경을 풀어 주실 때에 우리 마음이 속에서 뜨겁지 않았느냐 하고
33 그들이 즉시 일어나 예루살렘으로 돌아가 보니 열한 사도와 그들
의 동료들이 함께 모여
34 말하기를, 주께서 참으로 일어나시고 시몬에게 나타나셨다 하였고
35 두 사람도 길에서 일어난 일들에 대하여 그리고 예수께서 떡을 떼
실 때에 그들이 그를 알아보게 된 것에 대하여 이야기하였다

열한 제자에게 나타나시다

36 그들이 이 일들을 이야기하고 있을 때에 예수께서 친히 그들 가
운데 서서 말씀하시기를, 너희에게 평화가 있으라 하시니
37 그들이 놀라고 두려워하며 자기들이 유령을 보고 있는 것으로 생
각하였다
38 이에 예수께서 그들에게 말씀하시기를, 어찌하여 너희가 무서워
하느냐 어찌하여 너희 마음에 의심이 일어나느냐
39 너희는 내 손과 내 발을 보고 나인 줄 알라 또 나를 만져 보라 령
은 살과 뼈를 가지고 있지 않으나 너희가 보는 바와 같이 나는 가
졌다 하셨다

40 이 말씀을 하신 후에 예수께서 그들에게 손과 발을 보여주셨으나
41 그들이 기뻐하면서도 여전히 믿지 못하며 놀라자 예수께서 그들
에게 물으시기를, 여기에 먹을 것이 있느냐 하시니
42 그들이 구운 생선 한 토막을 예수께 드리자
43 예수께서 그것을 받아 그들 앞에서 잡수셨다
44 예수께서 그들에게 말씀하시기를, 내가 너희와 함께 있는 동안에
너희에게 말한 것은 이것이니, 곧 모세의 률법과 대언서들과 시
편에 나에 관하여 기록된 모든 것이 반드시 성취되여야 한다는 것
이다 하시고
45 예수께서 그들의 마음을 열어 그들로 성경을 깨닫게 하시고
46 그들에게 말씀하시기를, 그리스도가 고난을 받고 제삼 일에 죽은
자 가운데서 일어나야 한다는 것과
47 죄 사함에 이르는 회개가 예루살렘에서 시작되여 모든 민족에게
그의 이름으로 전파되여야 한다는 것이 이처럼 기록되여 있으니
48 너희는 이 모든 일의 증인이다
49 보라, 내 아버지께서 약속하신 것을 내가 너희에게 보낼 것이니
너희는 우로부터 능력이 덧입혀질 때까지 이 성에 머물라 하셨다

50 예수께서 그들을 데리고 베다니까지 가서 손을 들어 그들을 축복
하셨는데
51 그들에게 축복하시는 동안 예수께서 그들에게서 떠나 하늘로 올
려지시니
52 제자들이 예수께 경배하고 큰 기쁨을 안고 예루살렘으로 돌아가
53 늘 성전에 있으면서 하나님을 찬양하였다 아멘

손바닥에 그린 십자가

1월의 차가운 바람이 내 얇은 외투 사이로 파고들었어요. 사람들의 눈길을 피해 한 골목으로 목사님을 이끌었어요. 나는 손바닥을 내밀었어요. 목사님은 처음에는 악수를 하려는 줄 알고 내 손을 잡으려고 했지만, 나는 다시 손을 빼내어 손바닥을 내밀었어요. 목사님의 손바닥을 보여 달라는 의미였어요.

목사님은 이제야 내 말을 이해했다는 듯이 손바닥을 내밀었어요. 나는 그 손바닥에 작게 십자가를 그렸어요.

'목사님이 맞다면 내가 그린 십자가를 알아봐 주세요!'

"알겠어."

"아시겠어요?"

목사님은 알겠다고만 대답했어요. 내가 그린 십자가를 알아보신 거예요!

"그러면, 선생님하고 저하고 그리스도 안에서 한 형제!"

나는 목사님만 알아들을 수 있는 작은 목소리로 말했어요.

"저 성경책 하나 가지고 싶어요."

"성경?"

"네, 우리 집에서는 성경을 하나로 돌려보는데 할머니, 아버지, 어머니가 순서대로 읽고 나면 이미 새벽이에요. 성경이 하나 더 있으면 더 오래 읽을 수 있잖아요."

목사님은 내 눈을 오래오래 바라보았어요. 그러고는 고개를 끄덕였어요. 나는 목사님이 정말 나에게 성경을 갖다 주실 거라는 믿음이 생겼어요. 목사님은 나를 꼭 안아 주었어요. 목사님의 눈물이 하염없이 흘러내려 내 등은 다 젖어 버렸어요. 나와 목사님은 이미 예수님 안에서 한 형제였어요.

_『어린이 선교동화 - 손바닥에 그린 십자가』

위드 필사성경

누가복음

초판발행 2024년 5월 23일

펴 낸 이 김옥인

펴 낸 곳 문광서원

주 소 서울특별시 용산구 한남대로 41-6

출판등록 제 2010-000074호

대표전화 02)797-8846

홈페이지 www.munkwang.com

E-mail munkwangbooks@gmail.com

I S B N 978-89-98232-65-8 03230